Inhalt

W0062845

Barbara Weber

Mathematik

Formelknacker

POCKET TEACHER

Die Autorin
Barbara Weber ist eine erfahrene Mathematiklehrerin und unterrichtet
an einem Gymnasium.

Dieser Band wurde ab der 2. Auflage auf den Euro umgestellt.

Cornelsen online http://www.cornelsen.de

Gedruckt auf chlorfrei gebleichtem Papier
ohne Dioxinbelastung der Gewässer.

Die Deutsche Bibliothek – CIP-Einheitsaufnahme

Weber, Barbara:
Mathe : Formelknacker / Barbara Weber. –
Berlin : Cornelsen Scriptor, 1998
   (Pocket Teacher)
   ISBN 3-589-21219-5

Dieses Werk berücksichtigt die Regeln
der reformierten Rechtschreibung und Zeichensetzung.

| 5. | 4. | 3. | 2. | ✓ | Die letzten Ziffern bezeichnen |
| 02 | 01 | 2000 | 99 | | Zahl und Jahr des Drucks. |

© 1998 Cornelsen Verlag Scriptor GmbH & Co. KG, Berlin
Das Werk und seine Teile sind urheberrechtlich geschützt.
Jede Verwertung in anderen als den gesetzlich zugelassenen Fällen
bedarf deshalb der vorherigen schriftlichen Einwilligung des Verlags.
Redaktion: Stefan Giertzsch, Berlin
Typographie & Herstellung: Julia Walch, Bad Soden
Umschlagentwurf: Vera Bauer, Berlin
Sachzeichnungen: Stefan Giertzsch, Berlin
Satz: Universitätsdruckerei H. Stürtz AG, Würzburg
Druck- und Bindearbeiten: Clausen & Bosse, Leck
Printed in Germany
ISBN 3-589-21219-5
Bestellnummer 212195

Vorwort

Liebe Schülerinnen und Schüler!

Dieser handliche POCKET TEACHER bringt euch viele Vorteile: Er informiert knapp und genau. Regeln, Erklärungen, Lösungsverfahren, Beispiele, Tabellen – alles ist übersichtlich geordnet und leicht verständlich.

Ihr könnt die gewünschten Infos am schnellsten über das Stichwortverzeichnis am Ende jedes Bandes finden. – Stichwort vergessen? Dann schaut ihr am besten ins Inhaltsverzeichnis und sucht im entsprechenden Kapitel nach diesem oder einem ähnlichen Begriff! – Stichwörter sind durch Fettdruck hervorgehoben.

Der POCKET TEACHER Mathematik: Formelknacker stellt knapp wichtige Gesetze und Regeln dar, die zu wichtigen Gebieten der Mathematik aus dem Stoff der Sekundarstufe I gehören. Auf viele Formeln, Regeln und Verfahren folgen Beispiele, die deren Anwendung erläutern oder auf Besonderheiten hinweisen.

Dieses Symbol weist auf Beispiele hin.

Beispiel
$f(x) = 3x + 1$

Werden mehrere Beispiele zu einem Begriff oder einem Verfahren angegeben, dann sind sie durch Rauten am linken Rand übersichtlich gegliedert. So wisst ihr immer genau, wo das folgende Beispiel beginnt.

Beispiele
- g_1: $y = 4x + 3$
- g_2: $y = -x - 0,5$

Mit dem Symbol „Augen auf!" werdet ihr auf mögliche Fehlerquellen oder besondere Hinweise aufmerksam gemacht.

Im Text eures POCKET TEACHER findet ihr viele farbige Pfeile. Diese verweisen auf andere Stellen im Buch. Zum Beispiel: Schnittpunkt von Geraden (↗ S. 47).

Dieses Symbol weist auf besonders zu beachtende Eigenschaften hin.

Beachte: Natürlich kann die POCKET-TEACHER-Reihe ausführliche Schulbücher mit Übungen und Beispielen nicht ersetzen. Das soll sie auch nicht. Sie ist eure Merkhilfe-Bibliothek für alle Gelegenheiten, besonders für Hausaufgaben oder die Vorbereitung auf Klassenarbeiten.

Viele Formeln, Rechenregeln oder Lösungsverfahren können im POCKET TEACHER Mathematik: Formelknacker aus Platzgründen nur kurz behandelt werden. Ausführlicher ist vieles in einem der drei folgenden POCKET TEACHER erklärt:
POCKET TEACHER Mathematik: Algebra
POCKET TEACHER Mathematik: Gleichungen und Funktionen
POCKET TEACHER Mathematik: Geometrie
Wenn ihr zusätzliches Übungsmaterial sucht, dann schaut euch doch einmal die Reihe *Besser in Mathematik* an. Dort findet ihr reichlich Erklärungen und Aufgaben.

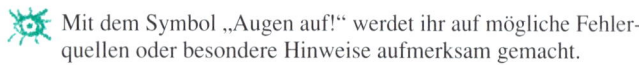

Allgemeines

----

1 Abkürzungen und mathematische Zeichen

$=$	gleich
$\neq$	ungleich
$<$	kleiner als
$>$	größer als
$\leq$	kleiner oder gleich
$\geq$	größer oder gleich
$:=$	nach Definition gleich
$\approx$	ungefähr, gerundet
$\triangleq$	entspricht
$\cong$	kongruent, deckungsgleich
$\sim$	proportional, ähnlich
$\equiv$	identisch
$\ldots$	und so weiter bis
$\%$	Prozent
∞	unendlich
$\parallel$	parallel zu
$\perp$	senkrecht auf, rechtwinklig zu, orthogonal
$\triangle ABC$	Dreieck mit den Eckpunkten ABC
$\angle$	Winkel
$\llcorner$	rechter Winkel, Winkel von $90°$
AB	Gerade durch die Punkte A und B
$\overline{AB}$	Strecke zwischen den Punkten A und B
$m_{\overline{AB}}$	Mittelsenkrechte zur Strecke AB
h_c	Höhe im Dreieck zur Seite c
$\vec{a}, \overrightarrow{AB}$	Vektoren
$\vec{a} \oplus \vec{b}$	Vektoraddition

$\begin{pmatrix} x \\ y \end{pmatrix}$	Spaltenschreibweise für den Vektor mit Komponenten x und y
a^2	a hoch 2, a Quadrat
a^n	a hoch n (Potenz)
$\sqrt{}$	Quadratwurzel aus
$\sqrt[n]{}$	n-te Wurzel aus
$\lvert x \rvert$	absoluter Betrag von x $\lvert x \rvert = \begin{cases} x \text{ für } x \geq 0 \\ -x \text{ für } x < 0 \end{cases}$
A, B, M_1	Bezeichnungen für Mengen
$\{a; b; c\}$	Menge mit den Elementen a, b und c
$\emptyset$, $\{\ \}$	leere Menge
$\mathbb{L}_x$	Lösungsmenge für x
$\mathbb{D}$	Definitionsmenge
$\{x \mid \ldots\}$	Menge aller x, für die gilt: …
$\in$	Element von
$\notin$	nicht Element von
$\subseteq$	Teilmenge von
$\subset$	echte Teilmenge von
$A \cap B$	A geschnitten B, Schnittmenge von A und B
$A \cup B$	A vereinigt B, Vereinigungsmenge von A und B
$A \backslash B$	Differenzmenge A ohne B
$]a, b[$	offenes Intervall von a bis b, a und b sind nicht mit eingeschlossen $\{x \mid a < x < b\}$
$[a, b]$	abgeschlossenes Intervall von a bis b $\{x \mid a \leq x \leq b\}$
$\mathbb{N}$	Menge der natürlichen Zahlen
$\mathbb{N}_0$	Menge der natürlichen Zahlen einschließlich 0
$\mathbb{Z}$	Menge der ganzen Zahlen
$\mathbb{Q}$	Menge der rationalen Zahlen
$\mathbb{R}$	Menge der reellen Zahlen
$\mathbb{R}^+$	Menge der positiven reellen Zahlen
$\mathbb{R}_0^+$	Menge der positiven reellen Zahlen einschließlich 0
$\mathbb{R}^-$	Menge der negativen reellen Zahlen
$a \mid b$	a teilt b, a ist Teiler von b
$a \nmid b$	a teilt nicht b, a ist nicht Teiler von b

$\Rightarrow$	wenn …, dann …	$A \Rightarrow B$: Aus A folgt B.
$\Leftrightarrow$	genau dann, wenn (Äquivalenz)	$A \Leftrightarrow B$: Aus A folgt B UND aus B folgt A.
$\wedge$	und (Konjunktion)	
$\vee$	oder (Disjunktion)	

$f(x)$ f von x, Funktionswert der Funktion f an der Stelle x

$(a; b)$ geordnetes Paar

$P(a; b)$ Punkt P mit den Koordinaten a und b

$\log_a x$ Logarithmus von x zur Basis a

$\lg x$ Logarithmus von x zur Basis 10 (dekadischer Logarithmus)

$\ln x$ Logarithmus von x zur Basis e (natürlicher Logarithmus)

sin   Sinus

cos   Kosinus

tan   Tangens

cot   Kotangens

arcsin   Arkussinus

arccos   Arkuskosinus

arctan   Arkustangens

e   e, EULERsche Zahl
e = 2,718 281 828 459 045 235 36 …

π Pi, LUDOLFsche Zahl
$\pi = 3{,}141\,592\,653\,589\,793\,238\,46\ldots \approx \frac{22}{7}$

$\begin{vmatrix} a & b \\ c & d \end{vmatrix}$ zweireihige Determinante $\begin{vmatrix} a & b \\ c & d \end{vmatrix} = a \cdot d - c \cdot b$

$n!$ n-Fakultät
$n! = 1 \cdot 2 \cdot 3 \cdot \ldots \cdot n;\ n \in \mathbb{N}$

$\binom{n}{k}$ n über k (Binomialkoeffizient)

$\displaystyle\sum_{k=1}^{n} a_k$ Summe aller a_k für $k = 1$ bis n

$\displaystyle\prod_{k=1}^{n} a_k$ Produkt aller a_k für $k = 1$ bis n

$\overline{x}$ arithmetisches Mittel

2 Griechische Buchstaben

α	β	γ	δ	ε	ζ	η	ϑ	ι	$\varkappa$	λ	μ
Alpha	Beta	Gamma	Delta	Epsilon	Zeta	Eta	Theta	Jota	Kappa	Lambda	My

ν	ξ	o	π	ϱ	σ	τ	υ	φ	χ	ψ	ω
Ny	Xi	Omikron	Pi	Rho	Sigma	Tau	Ypsilon	Phi	Chi	Psi	Omega

3 Ziffernsysteme

3.1 Stellenwertsysteme

Zehnersystem (dekadisches System)

Jede natürliche Zahl lässt sich als Summe von Vielfachen von *Zehnerpotenzen* darstellen. Zur Darstellung einer *Zahl* benötigt man 10 *Ziffern*: „0", „1", „2", …, „9".

✂ Beispiel

$$846 = 8 \cdot 10^2 + 4 \cdot 10^1 + 6 \cdot 10^0$$
$$= 8 \cdot 100 + 4 \cdot 10 + 6 \cdot 1 \qquad = 800 + 40 + 6$$
$$\text{Hunderter} \quad \text{Zehner} \quad \text{Einer}$$

Zweiersystem (Dualsystem, binäres System)

Jede natürliche Zahl lässt sich als Summe von Vielfachen von *Zweierpotenzen* darstellen. Zur Darstellung benötigt man zwei Ziffern: „0" und „1".

Dieses System benötigt man in der Computertechnik: „0" entspricht „aus", „1" entspricht „ein" (↗ S. 17).

✂ Beispiele

- Umwandlung einer Zahl im Dualsystem in eine Zahl im Zehnersystem:

$$1\,101_2 = 1 \cdot 2^3 + 1 \cdot 2^2 + 0 \cdot 2^1 + 1 \cdot 2^0$$
$$= 1 \cdot 8 + 1 \cdot 4 + 0 \cdot 2 + 1 \cdot 1 = 8 + 4 + 0 + 1 = 13$$

- Umwandlung einer Zahl im Zehnersystem in eine Zahl im Dualsystem:

$$87 = 1 \cdot 64 + 0 \cdot 32 + 1 \cdot 16 + 0 \cdot 8 + 1 \cdot 4 + 1 \cdot 2 + 1 \cdot 1$$
$$= 1 \cdot 2^6 + 0 \cdot 2^5 + 1 \cdot 2^4 + 0 \cdot 2^3 + 1 \cdot 2^2 + 1 \cdot 2^1 + 1 \cdot 2^0$$
$$= 1010111_2$$

3.2 Römische Ziffern

Die Zahldarstellung beruht auf der Addition (bzw. Subtraktion) der Werte von 7 Ziffern.

Ziffern:	Regeln zur Schreibweise:
I 1	• Man beginnt links mit der größten Ziffer.
V 5	Beachte: Zu Beginn kann auch durch Subtraktion eine kleinere Ziffer stehen.
X 10	
L 50	• Die Ziffern I, X, C werden höchstens dreimal
C 100	hintereinander geschrieben.
D 500	• Die Ziffern V, L, D werden nie mehrmals hin-
M 1 000	tereinander geschrieben.

• Die Zahlenwerte der ansteigenden Ziffern von links nach rechts werden addiert.
• Steht **eine** Ziffer einer kleineren Zahl vor der einer größeren, so wird ihr Wert von der nachfolgenden größeren Ziffer subtrahiert.
• Subtrahiert wird nur, wenn es keine andere Möglichkeit zur Darstellung einer Zahl gibt.
Beachte: Es darf immer nur **eine** Ziffer einer kleineren Zahl vor der einer größeren stehen.

◄ Beispiele

III	$1 + 1 + 1$	3
IV	$5 - 1$	4
VII	$5 + 1 + 1$	7
IX	$10 - 1$	9
XI	$10 + 1$	11
XXXIX	$10 + 10 + 10 + 10 - 1$	39
XL	$50 - 10$	40
XLI	$50 - 10 + 1$	41
XCVII	$100 - 10 + 5 + 1 + 1$	97
XCIX	$100 - 10 + 10 - 1$	99
DCCCLXXXVIII	$500 + 100 + 100 + 100 + 50 + 10$	
	$+ 10 + 10 + 5 + 1 + 1 + 1$	888
MCMXCIX	$1\,000 + 1\,000 - 100 + 100 - 10$	
	$+ 10 - 1$	1999

4 Primzahlen

Eine *Primzahl* ist eine natürliche Zahl größer als 1, die nur
durch sich selbst und durch 1 teilbar ist (natürliche Zahl mit
genau zwei Teilern).

Primzahlen bis 1 000:

2	3	5	7	11	13	17	19
23	29	31	37	41	43	47	53
59	61	67	71	73	79	83	89
97	101	103	107	109	113	127	131
137	139	149	151	157	163	167	173
179	181	191	193	197	199	211	223
227	229	233	239	241	251	257	263
269	271	277	281	283	293	307	311
313	317	331	337	347	349	353	359
367	373	379	383	389	397	401	409
419	421	431	433	439	443	449	457
461	463	467	479	487	491	499	503
509	521	523	541	547	557	563	569
571	577	587	593	599	601	607	613
617	619	631	641	643	647	653	659
661	673	677	683	691	701	709	719
727	733	739	743	751	757	761	769
773	787	797	809	811	821	823	827
829	839	853	857	859	863	877	881
883	887	907	911	919	929	937	941
947	953	967	971	977	983	991	997

Als *Primzahlzwillinge* bezeichnet man zwei aufeinanderfol-
gende Primzahlen, deren Abstand 2 beträgt.

 **Beispiele:** 11; 13   17; 19   29; 31   41; 43   59; 61

Sieb des Eratosthenes

Verfahren (Algorithmus) zur Bestimmung von Primzahlen
von 2 bis N (z. B. $N = 10\,000$):

1. Notiere alle Zahlen von 2 bis N
2. Markiere die Zahl 2 und streiche jedes Vielfache von 2.
3. Ist n die erste nicht-gestrichene Zahl, so markiere n und
   streiche jedes Vielfache von n.

4. Wiederhole Schritt 3 für alle n, für die gilt $n^2 \le N$. Gilt $n^2 > N$, so beende das Verfahren.
5. Alle markierten, d. h. nicht-gestrichenen Zahlen sind Primzahlen.

Beispiel: Bestimmung der Primzahlen bis 100:

2	**3**	4	**5**	6	**7**	8	✗	10̶
11	1̶2̶	**13**	1̶4̶	✗	1̶6̶	**17**	1̶8̶	**19**	2̶0̶
✗	2̶2̶	**23**	2̶4̶	2̶5̶	2̶6̶	✗	2̶8̶	**29**	3̶0̶
31	3̶2̶	✗	3̶4̶	3̶5̶	3̶6̶	**37**	3̶8̶	✗	4̶0̶
41	4̶2̶	**43**	4̶4̶	✗	4̶6̶	**47**	4̶8̶	✗	5̶0̶
✗	5̶2̶	**53**	5̶4̶	5̶5̶	5̶6̶	✗	5̶8̶	**59**	6̶0̶
61	6̶2̶	✗	6̶4̶	6̶5̶	6̶6̶	**67**	6̶8̶	✗	7̶0̶
71	7̶2̶	**73**	7̶4̶	✗	7̶6̶	✗	7̶8̶	**79**	8̶0̶
✗	8̶2̶	**83**	8̶4̶	8̶5̶	8̶6̶	✗	8̶8̶	**89**	9̶0̶
✗	9̶2̶	✗	9̶4̶	9̶5̶	9̶6̶	**97**	9̶8̶	✗	1̶0̶0̶

(vgl. die nicht-gestrichenen Zahlen mit den oben aufgelisteten Primzahlen)

Mit Hilfe eines kleinen Computerprogramms (z. B. in BASIC) lassen sich Primzahlen (z. B. bis 100 000) schnell bestimmen.

5 Darstellung von Dezimalzahlen mit Hilfe abgetrennter Zehnerpotenzen

Große rationale Zahlen $a\,(a > 1)$ drückt man zweckmäßig als Multiplikation einer Dezimalzahl größer als 1 und kleiner als 10 und einer **Zehnerpotenz** aus.

Beispiel: $5\,740\,000 = 5{,}74 \cdot 10^6$

Bei kleinen rationalen Zahlen $a\,(a < 1)$ verfährt man entsprechend.

Beispiel: $0{,}0000026 = 2{,}6 \cdot 10^{-6}$

6 Rundungsregeln

In der Praxis wird vor allem bei Dezimalzahlen gerundet, da man häufig nicht so viele Nachkommastellen wie vorhanden benötigt. Beim Runden werden alle Ziffern, die auf eine bestimmte Ziffer folgen, durch Nullen ersetzt.

Abrunden: Die betreffende Ziffer wird nicht verändert, wenn dieser vor der Nulleneinsetzung eine 0, 1, 2, 3 oder 4 folgt.

Beispiel: Wir runden auf zwei Nachkommastellen:

$$3,46\mathbf{2} \approx 3,46$$
$$12,56\mathbf{3}6789 \approx 12,56$$

Aufrunden: Die betreffende Ziffer wird um 1 erhöht, wenn dieser vor der Nulleneinsetzung eine 5, 6, 7, 8 oder 9 folgte.

Beispiel: Wir runden auf zwei Nachkommastellen:

$$4,21\mathbf{8}3 \approx 4,22$$
$$13,89\mathbf{9}11 \approx 13,90$$

Beachte: Wird eine „9" um 1 erhöht, wird aus „9" eine „0" und die vorstehende Ziffer erhöht sich um 1. Die „0" am Ende wird mitgeschrieben. Das verdeutlicht, dass gerundet wurde.

7 Maßeinheiten

Zeitmaße:

1 Jahr = 365 Tage

        1 Tag = 24 h

                1 h = 60 min

Gewichtsmaße: 1 min = 60 s

1 Mt = 1 000 kt

        1 kt = 1 000 t

               1 t = 1 000 kg

                      1 kg = 1 000 g

Längenmaße: 1 g = 1 000 mg

1 km = 1 000 m

        1 m = 10 dm

           1 dm = 10 cm

Flächenmaße: 1 cm = 10 mm

1 km^2 = 100 ha   also: 1 m = 1 000 mm

        1 ha = 100 a

           1 a = 100 m^2

               1 m^2 = 100 dm^2

                   1 dm^2 = 100 cm^2

                       1 cm^2 = 100 mm^2

                also: 1 m^2 = 1 000 000 mm^2

Raummaße:

$1\ m^3 = 1\ 000\ dm^3$

$1\ dm^3 = 1\ 000\ cm^3$

$1\ cm^3 = 1\ 000\ mm^3$

also: $1\ m^3 = 1\ 000\ 000\ 000\ mm^3$

Hohlmaße:

1 Hektoliter = 100 l (Liter)

$1\ l = 1\ 000\ ml$ (Milliliter) $= 1\ dm^3$

$1\ ml = 1\ cm^3$

8 Bezeichnungen bei Maßeinheiten

Bezeichnung	Zeichen	Bedeutung
Tera	T	10^{12}fach
Giga	G	10^9fach
Mega	M	10^6fach
Kilo	k	10^3fach
Hekto	h	10^2fach
Deka	da	10fach
Dezi	d	10^{-1}fach
Zenti	c	10^{-2}fach bzw. 100. Teil
Milli	m	10^{-3}fach bzw. 1 000. Teil
Mikro	μ	10^{-6}fach bzw. 10^6-ter Teil
Nano	n	10^{-9}fach bzw. 10^9-ter Teil
Pikto	p	10^{-12}fach bzw. 10^{12}-ter Teil
Femto	f	10^{-15}fach bzw. 10^{15}-ter Teil
Atto	a	10^{-18}fach bzw. 10^{18}-ter Teil

Beachte: In der EDV bedeutet „Kilo" nicht „1 000", sondern „$2^{10} = 1\ 024$".

Entsprechend bedeutet „Mega" nicht $1\ 000 \cdot 1\ 000$, sondern $1024 \cdot 1\ 024$.

1 Megabyte = 1 024 Kilobyte = 2^{10} Kilobyte = $2^{10} \cdot 2^{10}$ Byte

1 Kilobyte = 2^{10} Byte

1 Byte = 2^3 bit (kleinste adressierbare Einheit)

1 bit: Binärentscheidung (0 oder 1, nein/ja, wahr/falsch, …)

Arithmetik und Algebra

1 Mengen

1.1 Grundbegriffe und Darstellung

Beliebig ausgewählte Zahlen (oder auch andere Größen) kann man zu *Zahlenmengen (Mengen)* zusammenfassen.

Symbol:	Erklärung:	Beispiel:
$A, B, M, N,$ …	Großbuchstaben bezeichnen Mengen.	
		VENN-Diagramm
$a, b, x, y,$ …	Kleinbuchstaben bezeichnen *Elemente* von Mengen.	
$A = \{a_1; a_2;$ …$; a_n\}$	Bezeichnung für die Menge A mit den Elementen $a_1, a_2, …, a_n$	$A = \{1, 2, 3, 4, 5\}$ Mengenklammer
$\{x\}$	Bezeichnung für eine Menge mit einem Element x	
$\{x \mid A(x)\}$	Bezeichnet die Menge aller x, für die die Erfüllungsmenge der Aussageform $A(x)$ zutrifft	$\{x \mid x > 4\}$ $= \{5; 6; 7; 8; …\}$
$\{ \}$ oder $\emptyset$	Bezeichnet eine *leere Menge*, Menge ohne Elemente	
$x \in A$	Das Element x gehört zur Menge A, sprich: x Element von A.	$1 \in A$
$x \notin B$	Das Element x gehört nicht zur Menge B, sprich: x nicht Element von B.	$1 \notin B$

.2 Beziehungen zwischen Mengen; Verknüpfung von Mengen

Symbol:	Erklärung:	Beispiel:
$A \subseteq B$	A ist **Teilmenge** von B:	$A = \{1; 2\}$; $B = \left\{1; \dfrac{4}{2}\right\}$
	Alle Elemente von A sind auch Elemente von B. Gleichheit von A und B ist erlaubt.	$\{1; 2\} \subseteq \left\{1; \dfrac{4}{2}\right\}$ Es gilt sogar $A = B$.
$A \subset B$	A ist echte Teilmenge von B: Gleichheit ist nicht erlaubt.	$A = \{2; 4\}$; $B = \{1; 2; 3; 4\}$ $\{2; 4\} \subset \{1; 2; 3; 4\}$
$A \cap B$	A geschnitten mit B: **Schnittmenge** Menge der Elemente, die gleichzeitig zu A und B gehören.	$A = \{1; 2; 3\}$; $B = \{3; 4; 5\}$ $\{1; 2; 3\} \cap \{3; 4; 5\} = \{3\}$
$A \cup B$	A vereinigt mit B: **Vereinigungsmenge** Menge aller Elemente, die zu A oder B gehören	$A = \{1; 3\}$; $B = \{3; 4; 5\}$ $\{1; 3\} \cup \{3; 4; 5\} = \{1; 3; 4; 5\}$
$A\backslash B$	A ohne B: **Komplementmenge, Differenzmenge** Menge aller Elemente von A, die nicht gleichzeitig zu B gehören.	$A = \{1; 2; 3\}$; $B = \{3; 4; 5\}$ $\{1; 2; 3\}\backslash\{3; 4; 5\} = \{1; 2\}$

.3 Wichtige Zahlenmengen

$\mathbb{N} = \{1; 2; 3; 4; 5; 6; \ldots\}$ *Menge der natürlichen Zahlen*

$\mathbb{N}_0 = \{0; 1; 2; 3; 4; 5; \ldots\}$ $\mathbb{N} \cup \{0\}$

$\mathbb{Z} = \{\ldots; -2; -1; 0; 1; 2; \ldots\}$ *Menge der ganzen Zahlen*

$\mathbb{Q} = \left\{\dfrac{n}{m} \,\middle|\, n; m \in \mathbb{Z} \wedge m \neq 0\right\}$ *Menge der rationalen Zahlen* (Brüche)

$\mathbb{Q}^- = \{x \in \mathbb{Q} \,|\, x < 0\}$ Menge der negativen rationalen Zahlen

$\mathbb{Q}^+ = \{x \in \mathbb{Q} \mid x > 0\}$ Menge der positiven rationalen Zahlen

$\mathbb{R}$ **Menge der reellen Zahlen** bzw. Menge der rationalen und irrationalen Zahlen (rationale Zahlen: abbrechende oder *periodische Dezimalzahlen*, z. B. 4,153 oder $3,\overline{2}$; *irrationale Zahlen:* nichtabbrechende und nichtperiodische Dezimalzahlen, z. B. π (⬈ S. 11))

2 Rechenverknüpfungen und deren Bezeichnungen

Art der Verknüp-fung	Bezeichnung	für x	für y	für z
$z = x + y$	*Addition*	*Summand*	Summand	*Summe*
$z = x - y$	*Subtraktion*	*Minuend*	*Subtrahend*	*Differenz*
$z = x \cdot y$	*Multiplikation*	*Faktor*	Faktor	*Produkt*
$z = x : y$ ($y \neq 0$)	*Division*	*Dividend*	*Divisor*	*Quotient*

3 Gesetze der Grundrechenarten

Kommutativgesetze bzw. *Vertauschungsgesetze*:

   1.) $a + b = b + a$ 2.) $a \cdot b = b \cdot a$

✖ **Beispiele:** $3 + 5 = 8 = 5 + 3$; $4 \cdot 6 = 24 = 6 \cdot 4$

🌿 **Beachte:** Subtraktion und Division sind **nicht** kommutativ!

✖ **Beispiele:** $5 - 2 = 3 \neq 2 - 5 = -3$; $6 : 3 = 2 \neq 3 : 6 = \frac{1}{2}$

Assoziativgesetze bzw. *Verbindungsgesetze*:

   1.) $(a + b) + c = a + (b + c)$ 2.) $(a \cdot b) \cdot c = a \cdot (b \cdot c)$

✖ **Beispiele:** $(10 + 8) + 6 = 18 + 6 = 24 = 10 + 14 = 10 + (8 + 6)$
                  $(2 \cdot 4) \cdot 6 = 8 \cdot 6 = 48 = 2 \cdot 24 = 2 \cdot (4 \cdot 6)$

Distributivgesetze bzw. ***Verteilungsgesetze***:

1.) $a \cdot (b + c) = a \cdot b + a \cdot c$ bzw. $a \cdot (b - c) = a \cdot b - a \cdot c$
2.) $(a + b) \cdot c = a \cdot c + b \cdot c$ bzw. $(a - b) \cdot c = a \cdot c - b \cdot c$

Beispiele
$3 \cdot (4 + 5) = 3 \cdot 4 + 3 \cdot 5 = 12 + 15 = 27 = 3 \cdot 9 = 3 \cdot (4 + 5)$
$5 \cdot (4 - 3) = 5 \cdot 4 - 5 \cdot 3 = 20 - 15 = 5 = 5 \cdot 1 = 5 \cdot (4 - 3)$

4 Rechnen mit Bruchzahlen

Brüche beschreiben eine Division.

Beispiel: $\frac{3}{4} = 3 : 4$.

Den Dividenden (in diesem Fall 3) nennt man ***Zähler***, den Divisor (hier 4) ***Nenner***. Der Nenner darf nicht Null sein.

Begriff und Erklärung: *Beispiele:*

Kehrzahlen:

$\frac{a}{b}$ und $\frac{b}{a}$ sind zueinander Kehrzahlen $\frac{3}{4} \cdot \frac{4}{3} = 1$

Gleichheit:

$\frac{a}{b} = \frac{c}{d}$, wenn $a \cdot d = b \cdot c$ $\frac{1}{2} = \frac{2}{4} \Leftrightarrow 1 \cdot 4 = 2 \cdot 2$
                              $\Leftrightarrow 4 = 4$

Erweitern:

$\frac{a}{b} = \frac{a \cdot x}{b \cdot x}$ $\frac{2}{3} = \frac{2 \cdot 2}{3 \cdot 2} = \frac{4}{6}$

Kürzen:

$\frac{a}{b} = \frac{a : y}{b : y}, y \neq 0$ $\frac{8}{12} = \frac{8 : 4}{12 : 4} = \frac{2}{3}$

Addition und **Subtraktion:**

$\frac{a}{c} + \frac{b}{c} = \frac{a + b}{c}$ $\frac{5}{2} + \frac{1}{2} = \frac{5 + 1}{2} = \frac{6}{2}$

$\frac{a}{c} - \frac{b}{c} = \frac{a - b}{c}$ $\frac{2}{3} - \frac{1}{3} = \frac{2 - 1}{3} = \frac{1}{3}$

Begriff und Erklärung: ✖ *Beispiele:*

Bruchzahlen lassen sich nur addieren bzw. subtrahieren, wenn die Nenner gleich sind. Bei ungleichem Nenner muss man Brüche **gleichnamig machen**.

$$\frac{a}{b} + \frac{c}{d} = \frac{ad + bc}{bd}$$

bzw.

$$\frac{a}{b} - \frac{c}{d} = \frac{ad - bc}{bd}$$

$$\frac{1}{4} + \frac{2}{3} = \frac{1 \cdot 3 + 4 \cdot 2}{4 \cdot 3}$$

$$= \frac{3 + 8}{12} = \frac{11}{12}$$

$$\frac{2}{5} - \frac{4}{7} = \frac{2 \cdot 7 - 4 \cdot 5}{5 \cdot 7}$$

$$= \frac{14 - 20}{35} = -\frac{6}{35}$$

Multiplikation:

$$\frac{a}{c} \cdot \frac{b}{d} = \frac{ab}{cd}; \; c, d \neq 0$$

Bei der Multiplikation werden Zähler und Nenner jeweils miteinander multipliziert.

Kurz: $\dfrac{\text{Zähler mal Zähler}}{\text{Nenner mal Nenner}}$

➤ **Beachte:** Vor der Multiplikation kürzen!

$$\frac{2}{5} \cdot \frac{2}{3} = \frac{2 \cdot 2}{5 \cdot 3} = \frac{4}{15}$$

$$\frac{6}{7} \cdot \frac{14}{15} = \frac{2 \cdot 2}{1 \cdot 5} = \frac{4}{5}$$

Division:

$$\frac{a}{c} : \frac{b}{d} = \frac{ad}{cb}; \; b, c, d \neq 0$$

$$\frac{4}{5} : \frac{3}{7} = \frac{4 \cdot 7}{5 \cdot 3} = \frac{28}{15} = 1\frac{13}{15}$$

$$\frac{4}{9} : \frac{6}{5} = \frac{4 \cdot 5}{9 \cdot 6} = \frac{2 \cdot 5}{9 \cdot 3} = \frac{10}{27}$$

Bei der Division wird der Dividend mit der Kehrzahl des Divisors multipliziert.

➤ Dividieren heißt mit dem Kehrwert multiplizieren!

Begriff und Erklärung: 🪰 *Beispiele:*

Hauptnenner:

Den kleinsten gemeinsamen Nenner mehrerer Bruchzahlen nennt man Hauptnenner. Man findet ihn durch *Zerlegung* der einzelnen Nenner in *Primfaktoren*. Das Produkt aus den höchsten Potenzen der einzelnen Primfaktoren ist der Hauptnenner, auf den die einzelnen Brüche zu erweitern sind.

$$\frac{6}{45} + \frac{7}{24} + \frac{11}{18}$$

Nenner zerlegen in Primfaktoren:

$$45 = 3 \cdot 3 \cdot 5 \qquad = \mathbf{3^2 \cdot 5}$$
$$24 = 2 \cdot 2 \cdot 2 \cdot 3 = \mathbf{2^3} \cdot 3$$
$$18 = 2 \cdot 3 \cdot 3 \qquad = 2 \cdot 3^2$$

Hauptnenner:
$$\mathbf{2^3 \cdot 3^2 \cdot 5} = 360$$

$$\frac{6 \cdot 8}{45 \cdot 8} + \frac{7 \cdot 15}{24 \cdot 15} + \frac{11 \cdot 20}{18 \cdot 20}$$

$$= \frac{48 + 105 + 220}{360}$$

$$= \frac{373}{360}$$

5 Wichtige Rechenregeln

.1 Vorrangregeln

1. Was in der Klammer steht, ist zuerst auszurechnen! Bei mehreren Klammern werden diese in der Reihenfolge von **innen nach außen** berechnet!

$$3 - (2 + 7) = 3 - 9 = -6$$
$$3 - (6 - (5 - 1)) = 3 - (6 - 4)$$
$$= 3 - 2 = 1$$

2. Potenzen werden vor Punktrechnungen berechnet!

$$3 \cdot 5^2 = 3 \cdot 25 = 75$$

3. Punktrechnung *(Multiplikation, Division)* geht vor Strichrechnung *(Addition, Subtraktion)*!

$$3 \cdot 4 + 3 \cdot 5 - 7$$
$$= 12 + 15 - 7 = 20$$

5.2 Klammerregeln

1. Klammern mit positiven *Vorzeichen* können wegfallen!

$+(2\,a - b) = 2\,a - b$

2. Klammern mit negativen *Vorzeichen* können wegfallen, dabei erhält jedes Glied in der Klammer das **entgegengesetzte** Vorzeichen!

$-(a + b - c) = -a - b + c$

3. Ein *Faktor* vor einer Klammer wird mit jedem Glied in der Klammer multipliziert!

$3\,(a + 2\,b - 3\,c)$
$= 3\,a + 6\,b - 9\,c$

4. *Klammerausdrücke* der Form $(a + b) \cdot (c + d)$ werden miteinander multipliziert, indem man **jeden** Summanden der einen Klammer mit **jedem** Summanden der anderen Klammer multipliziert!

$(a + 3) \cdot (b + 2)$
$= a\,b + 2\,a + 3\,b + 6$

5.3 Vorzeichenregeln bei Multiplikation und Division

1. Bei der *Multiplikation* von Faktoren mit gleichen *Vorzeichen* erhält man ein positives Produkt!
   Kurz „Plus mal plus ergibt plus"!
   „Minus mal minus ergibt plus"!

$(+5) \cdot (+5) = +25$
$(-5) \cdot (-5) = +25$

2. Bei der *Multiplikation* von Faktoren mit unterschiedlichen *Vorzeichen* erhält man ein negatives Produkt!
   Kurz „Plus mal minus ergibt minus"!
   „Minus mal plus ergibt minus"!
   Gleiches gilt, wenn man an Stelle von „mal" „geteilt" setzt!

$(+4) \cdot (-3) = -12$
$(-5) \cdot (+7) = -35$

5.4 Rechnen mit Potenzen

Gleiche Faktoren a der Anzahl n werden zu **Potenzen** a^n (sprich „a hoch n") zusammengefasst:

$a^n := a \cdot a \cdot a \cdot \ldots \cdot a;\ a \neq 0,\ n \in \mathbb{N}$ $8^3 = 8 \cdot 8 \cdot 8 = 512$

a heißt **Basis**, n heißt **Exponent**.

Es gilt: $a^0 = 1;\ a^1 = a$ $4^0 = 1;\ 5^1 = 5$

Potenzen mit negativen ganzen Exponenten werden wie folgt definiert: $a^{-n} = \left(\dfrac{1}{a}\right)^n = \dfrac{1}{a^n};\ a \neq 0$ $2^{-4} = \left(\dfrac{1}{2}\right)^4 = \dfrac{1}{2^4} = \dfrac{1}{16}$

Potenzen mit rationalem Exponenten und Basis $a > 0$ definiert man folgendermaßen: $a^{\frac{1}{n}} := \sqrt[n]{a}$ $9^{\frac{1}{2}} = \sqrt[2]{9} = \sqrt{9} = +3$

Potenzgesetze:

1. **Multiplikation** bzw. **Division** bei gleicher Basis

$a^m \cdot a^n = a^{m+n}$ $3^2 \cdot 3^3 = 3^{2+3} = 3^5$

$a^m : a^n = \dfrac{a^m}{a^n} = a^{m-n}$ $2^5 : 2^3 = 2^{5-3} = 2^2$

2. **Multiplikation** bzw. **Division** bei gleichem Exponenten

$a^n \cdot b^n = (a \cdot b)^n$ $5^2 \cdot 4^2 = (5 \cdot 4)^2 = 20^2$

$a^n : b^n = \dfrac{a^n}{b^n} = \left(\dfrac{a}{b}\right)^n$ $6^2 : 3^2 = \left(\dfrac{6}{3}\right)^2 = 2^2$

3. **Potenzieren** von Potenzen

$(a^m)^n = a^{m \cdot n}$ $(3^2)^3 = 3^{2 \cdot 3} = 3^6$

5.5 Rechnen mit Wurzeln

Die **Wurzel** $\sqrt[n]{b}$ ist die **erste Umkehrung der Potenz**

$a^n = b$.

$\sqrt[n]{b} = a$ ist gleichbedeutend mit $2^3 = 8;\ \sqrt[3]{8} = 2$

$a^n = b$.

n heißt **Wurzelexponent**,

b heißt **Radikant** ($b > 0$).

Beachte: Die Wurzel lässt sich nur aus einer nichtnegativen reellen Zahl ziehen und ist selber wieder eine nichtnegative reelle Zahl.

$\sqrt{-9}$ ist für reelle Zahlen nicht definiert.
$\sqrt{9} = +3$

Spezialfälle:
$\sqrt[2]{b} = \sqrt{b}$ (***Quadratwurzel***),
$\sqrt[n]{b} = b^{\frac{1}{n}}$ (Jede Wurzel kann somit als Potenz geschrieben werden.)

$\sqrt[2]{16} = \sqrt{16}$
$\sqrt[5]{4} = 4^{\frac{1}{5}}$

Wurzelgesetze:

1. ***Multiplikation*** bei gleichem Wurzelexponenten:
$\sqrt[n]{a} \cdot \sqrt[n]{b} = \sqrt[n]{a \cdot b}, \quad n \in \mathbb{Z}$

$\sqrt[3]{2} \cdot \sqrt[3]{4} = \sqrt[3]{2 \cdot 4} = \sqrt[3]{8} = 2$

2. ***Division*** bei gleichem Wurzelexponenten:
$\sqrt[n]{a} : \sqrt[n]{b} = \sqrt[n]{a : b}, \quad n \in \mathbb{Z}$

$\sqrt[2]{24} : \sqrt[2]{6} = \sqrt[2]{24 : 6} = \sqrt[2]{4} = 2$

3. ***Potenzieren*** von Wurzeln:
$(\sqrt[n]{a})^m = \sqrt[n]{a^m} = a^{\frac{m}{n}}, \quad n, m \in \mathbb{Z}$

$(\sqrt[4]{3})^3 = \sqrt[4]{3^3} = 3^{\frac{3}{4}}$

4. ***Radizieren (Wurzelziehen)*** von Wurzeln:
$\sqrt[m]{\sqrt[n]{a}} = \sqrt[m \cdot n]{a}, \quad n, m \in \mathbb{Z}$

$\sqrt[3]{\sqrt[2]{64}} = \sqrt[6]{64} = 2$

5.6 Rechnen mit Logarithmen

Der ***Logarithmus*** $\log_a b$ ist die **zweite Umkehrung der Potenz** $a^n = b$.
Zu „$\log_a b$" sagt man: Logarithmus von b zur ***Basis a***.

$2^3 = 8; \log_2 8 = 3$

Spezialfälle:
Basis 10: „***Zehnerlogarithmus***" $\log_{10} a$ oder kurz: $\lg a$
Basis e: „***natürlicher Logarithmus***" $\log_e a$ oder kurz: $\ln a$.
(***Eulersche Zahl e*** $\approx 2{,}718$)

$\lg 100 = 2$

$\ln e = 1$

Logarithmengesetze:
Es gelte $a > 0$, $b > 0$, $n > 1$.
Für beliebige Basen gelten folgende Regeln:

1. **Multiplikation**: $\log(a \cdot b)$ $\qquad \log_2(8 \cdot 2)$
   $\qquad\qquad = \log a + \log b \qquad = \log_2 8 + \log_2 2$
   $\qquad\qquad\qquad\qquad\qquad\qquad\quad = 3 + 1 = 4$
   $\qquad\qquad$ dagegen ist: $\qquad \log_2 8 \cdot \log_2 2 = 3 \cdot 1$
   $\qquad\qquad\qquad\qquad\qquad\qquad\qquad\qquad \neq \log_2(8 \cdot 2)$

2. **Division**: $\qquad \log\left(\dfrac{a}{b}\right) \qquad \log_3\left(\dfrac{1}{9}\right) = \log_3 1 - \log_3 9$
   $\qquad\qquad\qquad = \log a - \log b \qquad\qquad = 0 - 2 = -2$

3. **Potenzieren**: $\quad \log(a^n) \qquad\qquad \log_4(4^2) = 2 \cdot \log_4 4$
   $\qquad\qquad\qquad = n \cdot \log a \qquad\qquad\qquad = 2 \cdot 1 = 2$

4. **Wurzelziehen**: $\log(\sqrt[n]{a}) \qquad\qquad \log_5 \sqrt[2]{125} = \dfrac{1}{2} \log_5 125$
   $\qquad\qquad\qquad = \dfrac{1}{n} \cdot \log a \qquad\qquad\qquad = \dfrac{1}{2} \cdot 3 = \dfrac{3}{2}$

Wichtig zum Rechnen mit dem Taschenrechner:
Transformation von Logarithmen mit beliebiger ***Basis*** a in
Zehnerlogarithmen oder ***natürliche Logarithmen***:

$$\log_a b = \frac{\lg b}{\lg a} = \frac{\ln b}{\ln a} \qquad\qquad \log_3 5 = \frac{\lg 5}{\lg 3} = \frac{\ln 5}{\ln 3} \approx 1{,}465$$

5.7 Binomische Formeln

1. $(a + b)^2 = (a + b)(a + b) \qquad (2x + 1)^2 \qquad = 4x^2 + 4x + 1$
   $\qquad\quad = a^2 + 2ab + b^2$

2. $(a - b)^2 = (a - b) \cdot (a - b) \qquad (y - 3)^2 \qquad = y^2 - 6y + 9$
   $\qquad\quad = a^2 - 2ab + b^2$

3. $(a + b)(a - b) = a^2 - b^2 \qquad (4 + z)(4 - z) = 16 - z^2$

6 Gleichungen und Ungleichungen 1. Grades mit einer Unbekannten

Definitionsmenge $\mathbb{D} = \mathbb{R}$; $\mathbb{L}$ *Lösungsmenge*

Normalform: $0 = ax + b$; $a, b \in \mathbb{R}$

$\quad\quad\quad\quad ax = -b$ (↗ Lineare Gleichung S. 47)

6.1 Lösungsarten

Es gibt drei Fälle bei der Lösung für x:

1. Fall: $a \neq 0$; es existiert eine eindeutige Lösung für x:

$$x = -\frac{b}{a} \quad\quad \mathbb{L} = \left\{-\frac{b}{a}\right\} \quad\quad \begin{aligned} 0 &= -5x + 10 \\ 5x &= 10 \\ x &= 2 \quad\quad \mathbb{L} = \{2\} \end{aligned}$$

2. Fall: $a = 0 \wedge b \neq 0$; es existiert keine Lösung für x:

$$\mathbb{L} = \{\ \} \quad\quad\quad \begin{aligned} 2(x+1) &= 2x + 3 \\ 2x + 2 &= 2x + 3 \\ 0 \cdot x - 1 &= 0 \quad\quad \mathbb{L} = \{\ \} \end{aligned}$$

3. Fall: $a = 0 \wedge b = 0$; es existieren unendlich viele Lösungen für x:

$$\mathbb{L} = \mathbb{D} \quad\quad\quad \begin{aligned} 2(x+1) &= 2x + 2 \\ 2x + 2 &= 2x + 2 \\ 0 \cdot x + 0 &= 0 \quad\quad \mathbb{L} = \mathbb{D} \end{aligned}$$

(*Allgemeingültige Gleichung*)

6.2 Vereinfachen von Gleichungen

Durch *Äquivalenzumformungen* (Umformung, die eine Gleichung in eine äquivalente überführt) vereinfachen wir, bis wir die *Lösungsmenge* angeben können.

Schema zur *Lösung von Gleichungen* mit einer Unbekannten:

1. Klammern auflösen.
2. Bei *Bruchgleichungen*: Brüche entfernen durch Multiplikation mit dem Hauptnenner.
3. Bei *Wurzelgleichungen*: Wurzeln entfernen durch Potenzieren.
4. Gleichungen ordnen.
5. Glieder mit x und ohne x zusammenfassen.
6. Division mit dem Faktor von x.
7. Probe.

◀ Beispiele

a) $2 = 4x + 1 \quad | -1$

$\quad\; 1 = 4x \quad\quad | : 4$

$\quad x = \dfrac{1}{4}$ Probe: $2 = 4 \cdot \dfrac{1}{4} + 1$

Lineare Gleichung

$\quad \mathbb{L} = \left\{ \dfrac{1}{4} \right\}$ $2 = 1 + 1 = 2$

b) $(2 - x)(x + 5) = 11 - (x + 4)^2 \quad$ | Klammern auflösen

$2x - x^2 + 10 - 5x = 11 - x^2 - 8x - 16 \quad$ | Gleichung ordnen

$2x - 5x + 8x = x^2 - x^2 - 10 + 11 - 16 \;$ | zusammenfassen

$\quad\quad\quad\quad 5x = -15 \quad\quad\quad\quad\quad$ | : 5

$\quad\quad\quad\quad\; x = -3$

Probe:

$(2 - (-3))(-3 + 5)$

$\quad = 11 - (-3 + 4)^2$

$\mathbb{L} = \{-3\} \quad\quad\quad 5 \cdot 2 = 11 - 1^2$

$\quad\quad\quad\quad\quad\quad\quad\quad 10 = 10$

c) $\quad \dfrac{x}{2x - 2} + \dfrac{3}{3x - 3} = 1$ *Bruchgleichung*

$\quad \dfrac{x}{2(x - 1)} + \dfrac{3}{3(x - 1)} = 1$ Gleichung vereinfachen

$\quad \dfrac{x}{2(x - 1)} + \dfrac{1}{x - 1} = 1$ | Hauptnenner ist $2(x - 1)$

$\quad \dfrac{x}{2(x - 1)} + \dfrac{2}{2(x - 1)} = \dfrac{2(x - 1)}{2(x - 1)}$ $| \cdot 2(x - 1)$

$\quad\quad\quad x + 2 = 2(x - 1)$

$\quad\quad\quad x + 2 = 2x - 2$

$\quad\quad\quad\; -x = -4$

$\quad\quad\quad\quad x = 4$

Probe:

$\dfrac{4}{2 \cdot 4 - 2} + \dfrac{3}{3 \cdot 4 - 3} = 1$

$\dfrac{4}{6} + \dfrac{3}{9} = \dfrac{2}{3} + \dfrac{1}{3} = 1$

$\mathbb{L} = \{4\}$

d) $\sqrt{x-2} + 3 = 0$ | *Wurzelgleichung;*
                      Wurzel auf einer Seite isolieren

$$\sqrt{x-2} = -3 \quad | \text{ beide Seiten quadrieren;}$$
                                  Achtung: keine Äquivalenzumformung

$$x - 2 = 9$$
$$x = 11$$

Probe: $\sqrt{11-2} + 3 = \sqrt{9} + 3 = 3 + 3 = 6 \neq 0$ $\mathbb{L} = \{\ \}$

Beachte: Bei Wurzelgleichungen ist eine Probe in der Ausgangsgleichung unerlässlich; denn Quadrieren auf beiden Seiten der Gleichung ist keine Äquivalenzumformung!

6.3 Ungleichungen

Wird bei der Gleichung $0 = a\,x + b$ das Gleichheitszeichen durch eines der **Relationszeichen** <, >, ≤ oder ≥ ersetzt, so liegt eine **Ungleichung** vor. Die Lösung findet man durch **Äquivalenzumformung** wie bei Gleichungen.

 Beachte: *Multiplikation* und *Division* mit (− 1) bzw. mit einer negativen reellen Zahl auf beiden Seiten der Ungleichung führt zu einer Umkehrung des Relationszeichens!

$$-3x - 15 < 0$$
$$-3x < 15 \qquad | : (-3)$$
$$x > -5$$
$$\mathbb{L} = \{x \in \mathbb{R} \mid x > -5\}$$

7 Gleichungssysteme 1. Grades mit 2 und mehreren Unbekannten

7.1 Rechnerische Bestimmung der Lösung

Ein System der Art $\begin{array}{l} \text{I} \\ \text{II} \end{array} \left| \begin{array}{l} a_1 x + b_1 y = c_1 \\ a_2 x + b_2 y = c_2 \end{array} \right|$

heißt **Gleichungssystem 1. Grades** oder lineares **Gleichungssystem** mit 2 Gleichungen und 2 Unbekannten.
Dabei sind a_1, a_2, b_1, b_2, c_1, c_2 reelle Konstanten, x und y sind Unbekannte.

Um die Lösung des Systems zu ermitteln, bestimmt man die Zahlenpaare $(x; y)$, die – eingesetzt in das System – für **alle** Gleichungen eine *wahre Aussage* ergeben.

◄ **Beispiel**

I $\begin{vmatrix} 3x + 2y = 6 \\ -x - 3y = 5 \end{vmatrix}$
II

Das Zahlenpaar $(4; -3)$ ist Lösung des Systems, denn es erfüllt **beide** Gleichungen:

(I) $\quad 3 \cdot 4 + 2 \cdot (-3) = 6$ $\qquad$ (II) $\quad -4 - 3 \cdot (-3) = 5$
$\qquad\qquad 12 - 6 = 6$ $\qquad\qquad\qquad -4 + 9 = 5$
$\qquad\qquad\quad 6 = 6$ $\qquad\qquad\qquad\qquad 5 = 5$

Zur Bestimmung der Zahlenpaare benötigt man meist eines der folgenden Lösungsverfahren:

1. *Einsetzungsverfahren*
2. *Gleichsetzungsverfahren*
3. *Additionsverfahren*

Allen Verfahren ist gemeinsam, dass im 1. Schritt eine der Variablen wegfällt und dadurch eine Gleichung mit nur einer Variablen entsteht, die du lösen kannst (↗ S. 28 ff.).

◄ **Beispiele**

1. *Einsetzungsverfahren*:
Löse eine Gleichung nach einer Unbekannten auf und setze den Term in die andere Gleichung ein. Der Wert der ermittelten Variablen wird in die erste Gleichung eingesetzt. Durch Auflösen erhältst du dann den Wert der zweiten *Variablen*.

◆ I $\begin{vmatrix} 7x + 5y = 41 \\ 5x - 2y = 7 \end{vmatrix}$
II

I nach x auflösen: $\qquad\qquad\qquad x = \dfrac{41 - 5y}{7} \quad$ (I)

x in II einsetzen: $\quad 5 \cdot \dfrac{41 - 5y}{7} - 2y = 7$

$$\dfrac{205 - 25y}{7} - 2y = 7 \quad | \cdot 7$$

$$205 - 25y - 14y = 49$$
$$205 - 39y = 49 \quad | + 39y - 49$$
$$156 = 39y \quad | : 39$$
$$y = 4$$

$y = 4$ in (I) einsetzen: $\qquad\qquad x = \dfrac{41 - 20}{7} = 3$

Probe: $(3; 4)$ in Gleichungssystem einsetzen:
I $\;7 \cdot 3 + 5 \cdot 4 = 21 + 20 = 41 \qquad$ II $\;5 \cdot 3 - 2 \cdot 4 = 15 - 8 = 7$
$\mathbb{L} = \{(3; 4)\}$
Lösungsmenge des Systems ist das Zahlenpaar $(3; 4)$.

2. Gleichsetzungsverfahren:
Löse beide Gleichungen nach derselben *Variablen* auf und
setze die Terme gleich.

◆ I $\;\begin{vmatrix} 7x + 5y = 41 \\ 5x - 2y = 7 \end{vmatrix}$
II

I nach x auflösen: $\qquad\qquad x = \dfrac{41 - 5y}{7} \quad$ (I)

II nach x auflösen: $\qquad\qquad x = \dfrac{7 + 2y}{5} \quad$ (II)

(I) und (II)
gleichsetzen: $\qquad\qquad \dfrac{41 - 5y}{7} = \dfrac{7 + 2y}{5} \quad | \cdot 35$

$$205 - 25y = 49 + 14y \quad | + 25y - 49$$
$$156 = 39y \quad | : 39$$
$$y = 4$$

y in (I) oder (II) einsetzen: $\qquad x = \dfrac{41 - 20}{7} = 3$

Probe wie bei Einsetzungsverfahren: $(3; 4)$ in I und II einsetzen.
$\mathbb{L} = \{(3; 4)\}$
Lösungsmenge des Systems ist das Zahlenpaar $(3; 4)$.

3. *Additionsverfahren:*
Multipliziere jede Gleichung so, dass durch Addition von
(I) und (II) eine *Variable* wegfällt.

◆ I $\quad \begin{vmatrix} 7x + 5y = 41 \\ 5x - 2y = 7 \end{vmatrix}$
  II

Multiplikation von	Multiplikation von
Gleichung I mit 2	Gleichung II mit 5
(I) $14x + 10y = 82$	(II) $25x - 10y = 35$

(I) + (II) führt zu: $14x + 25x + 10y - 10y = 82 + 35$
$$39x = 117 \quad | : 39$$
$$x = 3$$

x in I (oder II) einsetzen: $\quad$ I $\;7 \cdot 3 + 5y = 41$
$$21 + 5y = 41 \quad | - 21$$
$$5y = 20 \quad | : 5$$
$$y = 4$$

$$\text{II } 5 \cdot 3 - 2y = 7$$
$$15 - 2y = 7 \quad | - 15$$
$$-2y = -8 \quad | : (-2)$$
$$y = 4$$

Probe durchführen ergibt: $\mathbb{L} = \{(3; 4)\}$
Lösungsmenge des Systems ist das Zahlenpaar (3; 4).

.2 Zur Auswahl der Lösungsverfahren

Alle 3 Lösungsverfahren führen zum Ziel, aber nicht immer
ist jedes Verfahren sinnvoll! Betrachte das System und wähle
das günstigste Verfahren aus!

Das *Einsetzungsverfahren* eignet sich besonders dann,
wenn eine der Gleichungen schon nach einer Variablen auf-
gelöst ist oder sich leicht auflösen lässt.

Beispiel

I $\quad \begin{vmatrix} 2x - 3y = -4 \\ y + 1 = 3x \end{vmatrix}$
II

II nach y auflösen: $\qquad\qquad\qquad\qquad y = 3x - 1$ (II)

y in I einsetzen: $\qquad\quad 2x - 3(3x - 1) = -4$

$$2x - 9x + 3 = -4 \qquad | -3$$
$$-7x = -7 \qquad | : (-7)$$
$$x = 1$$

x in (II) einsetzen: $\qquad\qquad\qquad y = 3 \cdot 1 - 1 = 2$

Probe: I $\;2 \cdot 1 - 3 \cdot 2 = 2 - 6 = -4 \qquad$ II $\;2 + 1 = 3 \cdot 1 = 3$

$\mathbb{L} = \{(1; 2)\}$

> Das *Gleichsetzungsverfahren* eignet sich besonders dann, wenn beide Gleichungen nach ein und derselben Variablen aufgelöst sind oder sich leicht auflösen lassen.

Beispiel

I $\quad \begin{vmatrix} x + 4y = -3 \\ \qquad x = 4 + 3y \end{vmatrix}$
II

I nach x auflösen: $\qquad\qquad\qquad x = -3 - 4y$ (I)

(I) und (II)

gleichsetzen: $\qquad\qquad 4 + 3y = -3 - 4y \quad | -3y + 3$

$$7 = -7y \qquad | : (-7)$$
$$y = -1$$

y in II einsetzen: $\qquad\qquad x = 4 + 3 \cdot (-1) = 1$

Probe durchführen ergibt: $\mathbb{L} = \{(-1; 1)\}$.

> Sind die angeführten Bedingungen nicht gegeben, wird man meistens das *Additionsverfahren* anwenden.

7.3 Lösungsarten

Es können drei Arten von Lösungen bei *linearen Gleichungssystemen* auftreten (↗ S. 30 f. und S. 48):

> 1. Das System hat eine eindeutig bestimmte Lösung.
> 2. Das System hat keine Lösung.
> 3. Das System hat unendlich viele Lösungen.

Beispiel zu 1:
$$\begin{array}{ll} \text{I} & \left|\begin{array}{l}2x - 3y = 4\\ x + 3y = 2\end{array}\right.\\ \text{II} \end{array}$$

$$\begin{array}{lll} \text{I} + \text{II} & 3x = 6 & |:2\\ & x = 2\\ \text{in II} & 2 + 3y = 2\\ & 3y = 0\\ & y = 0 \end{array}$$

Die eindeutig bestimmte Lösungsmenge lautet: $\mathbb{L} = \{(2;\,0)\}$.

Beispiel zu 2:
$$\begin{array}{ll} \text{I} & \left|\begin{array}{l}2x - 3y = 4\\ -4x + 6y = 4\end{array}\right.\\ \text{II} \end{array}$$

$$\begin{array}{lll} \text{I} \cdot 2 & 4x - 6y = 8 & (\text{I})\\ \text{II} & -4x + 6y = 8 \end{array}$$

$$(\text{I}) + \text{II} \qquad 0 = 16$$

Dies ist eine falsche Aussage. Die Lösungsmenge ist leer:
$\mathbb{L} = \{\ \}$.

Beispiel zu 3:
$$\begin{array}{ll} \text{I} & \left|\begin{array}{l}2x - 3y = 4\\ 4x - 6y = 8\end{array}\right.\\ \text{II} \end{array}$$

$$\begin{array}{lll} \text{I} \cdot (-2) & -4x + 6y = -8 & (\text{I})\\ \text{II} & 4x - 6y = 8 \end{array}$$

$$(\text{I}) + \text{II} \qquad 0 = 0$$

Dies ist eine von x und y unabhängige wahre Aussage. Das System hat unendlich viele Lösungen:
$\mathbb{L} = \{(x;\,y)\,|\,x,\,y \in \mathbb{R} \wedge 2x - 3y = 4\}$.

Geometrische Bedeutung: ➚ Lineare Funktionen, S. 47

8 Quadratische Gleichungen

Die *allgemeine quadratische Gleichung* lautet:
$$a x^2 + b x + c = 0; \qquad a \neq 0.$$
Division durch a führt auf die so genannte **Normalform**:
$$x^2 + p x + q = 0.$$

Beispiel: $\qquad 2x^2 + 6x - 4 = 0 \quad |:2$
Normalform: $\quad x^2 + 3x - 2 = 0$

8.1 Lösung durch quadratische Ergänzung bzw. *p-q*-Formel

$$x^2 + px + q = 0 \qquad \text{„0" addieren}$$

$$x^2 + px + \left(\frac{p}{2}\right)^2 - \left(\frac{p}{2}\right)^2 + q = 0 \qquad \textbf{\textit{„quadratische Ergänzung"}}$$

$$\left(x + \frac{p}{2}\right)^2 - \left(\frac{p}{2}\right)^2 + q = 0 \qquad \text{Binomische Formel gefunden}$$

$$\left(x + \frac{p}{2}\right)^2 = \left(\frac{p}{2}\right)^2 - q \quad \text{Diesen Term nennt man } \textbf{\textit{Diskriminante D}}.$$

Fallunterscheidung:

1. Fall: $x + \frac{p}{2} = +\sqrt{D}$ 2. Fall: $x + \frac{p}{2} = -\sqrt{D}$

$$x_1 = -\frac{p}{2} + \sqrt{D} \qquad\qquad x_2 = -\frac{p}{2} - \sqrt{D}$$

Die Lösungsformel, die so genannte **_p-q-Formel_**, lautet:

$$x_1 = -\frac{p}{2} + \sqrt{\left(\frac{p}{2}\right)^2 - q} \qquad x_2 = -\frac{p}{2} - \sqrt{\left(\frac{p}{2}\right)^2 - q}$$

Beispiel: Lösen mit Hilfe der quadratischen Ergänzung

$$3x^2 - 3x = 6 \quad |-6 \quad \text{auf Normalform bringen}$$
$$3x^2 - 3x - 6 = 0 \quad |:3$$
$$x^2 - x - 2 = 0$$

$$x^2 - x + \left(\frac{1}{2}\right)^2 - \left(\frac{1}{2}\right)^2 - 2 = 0 \qquad \text{quadratisch ergänzen}$$

$$\left(x - \frac{1}{2}\right)^2 - \frac{1}{4} - \frac{8}{4} = 0 \qquad \text{Binomische Formel}$$

$$\left(x - \frac{1}{2}\right)^2 - \frac{9}{4} = 0 \quad |+\frac{9}{4}$$

$$\left(x - \frac{1}{2}\right)^2 = \frac{9}{4} \quad |\sqrt{}$$

1. Fall: $x - \frac{1}{2} = \frac{3}{2}$ $|+\frac{1}{2}$ 2. Fall: $x - \frac{1}{2} = -\frac{3}{2}$ $|+\frac{1}{2}$

        $x_1 = 2$ $x_2 = -1$

Probe durchführen!
$\mathbb{L} = \{-1; 2\}$

Bei der Lösung der *quadratischen Gleichung* lassen sich 3
Fälle unterscheiden:

1. $D = \left(\frac{p}{2}\right)^2 - q > 0$ Die Gleichung hat zwei verschiedene Lösungen.
2. $D = \left(\frac{p}{2}\right)^2 - q = 0$ Die Gleichung hat genau eine Lösung.
3. $D = \left(\frac{p}{2}\right)^2 - q < 0$ Die Gleichung hat keine reelle Lösung.

Beispiele
(Wir lösen mit Hilfe der *p-q*-Formel.)

a) $2x^2 - 3x - 2 = 0$ $| : 2$

Normalform:

$x^2 - 1{,}5x - 1 = 0$ $p = -1{,}5;\ q = -1$

$D = \left(\frac{-1{,}5}{2}\right)^2 - (-1) > 0 \Rightarrow$ es existieren genau 2 Lösungen:

$$x_1 = \frac{1{,}5}{2} + \sqrt{\left(\frac{-1{,}5}{2}\right)^2 - (-1)} \qquad x_2 = \frac{1{,}5}{2} - \sqrt{\left(\frac{-1{,}5}{2}\right)^2 - (-1)}$$

$$= \frac{3}{4} + \sqrt{\left(\frac{-3}{4}\right)^2 + 1} \qquad\qquad = \frac{3}{4} - \sqrt{\left(\frac{-3}{4}\right)^2 + 1}$$

$$= \frac{3}{4} + \sqrt{\frac{9}{16} + \frac{16}{16}} \qquad\qquad = \frac{3}{4} - \sqrt{\frac{9}{16} + \frac{16}{16}}$$

$$= \frac{3}{4} + \sqrt{\frac{25}{16}} \qquad\qquad = \frac{3}{4} - \sqrt{\frac{25}{16}}$$

$$= \frac{3}{4} + \frac{5}{4} \qquad\qquad = \frac{3}{4} - \frac{5}{4}$$

$$x_1 = 2 \qquad\qquad x_2 = -\frac{1}{2}$$

Probe: x_1, x_2 in Ausgangsgleichung einsetzen.

$\mathbb{L} = \left\{-\frac{1}{2};\ 2\right\}$

b) $x^2 - x + 0{,}25 = 0 \qquad p = -1;\ q = 0{,}25$

$$D = \left(\frac{-1}{2}\right)^2 - 0{,}25 = 0 \Rightarrow \text{es existiert genau eine Lösung:}$$

$$x_1 = \frac{1}{2} + \sqrt{\left(-\frac{1}{2}\right)^2 - 0{,}25} \qquad x_2 = \frac{1}{2} - \sqrt{\left(-\frac{1}{2}\right)^2 - 0{,}25}$$

$$= \frac{1}{2} + \sqrt{\frac{1}{4} - \frac{1}{4}} \qquad\qquad = \frac{1}{2} - \sqrt{\frac{1}{4} - \frac{1}{4}}$$

$$= \frac{1}{2} \qquad\qquad\qquad = \frac{1}{2}$$

$$\mathbb{L} = \left\{\frac{1}{2}\right\}$$

c) $x^2 + x + 2 = 0 \qquad p = 1;\ q = 2$

$$D = \left(\frac{1}{2}\right)^2 - 2 < 0 \Rightarrow \text{es existiert keine Lösung:}$$

$$x_1 = -\frac{1}{2} + \sqrt{\left(\frac{1}{2}\right)^2 - 2} \qquad x_2 = -\frac{1}{2} - \sqrt{\left(\frac{1}{2}\right)^2 - 2}$$

$$= -\frac{1}{2} + \sqrt{-1{,}75} \qquad\qquad = -\frac{1}{2} - \sqrt{-1{,}75}$$

Die Wurzel existiert nicht in $\mathbb{R}$. Die Gleichung hat keine reelle Lösung.
$\mathbb{L} = \{\ \}$.

Geometrische Bedeutung: ↗ Quadratische Funktionen, S. 52 f.

8.2 Lösung mit Satz von VIETA

> Sind x_1 und x_2 Lösungen der quadratischen Gleichung
> $x^2 + px + q = 0$, dann gilt:
> $x_1 + x_2 = -p \quad$ und $\quad x_1 \cdot x_2 = q$.

✖ Beispiel
$x^2 - 8x + 15 = 0 \qquad p = -8;\ q = 15$
$x_1 = 5$ sowie $x_2 = 3$ sind Lösungen der quadratischen Gleichung, denn:
$x_1 + x_2 = 5 + 3 = 8 = -(-8) = -p \quad$ und
$x_1 \cdot x_2 = 5 \cdot 3 = 15 = q$

3.3 Spezialfälle der quadratischen Gleichung

1. Ist eine *quadratische Gleichung* in *Produktform* gegeben, z. B. $(x + 2)(7 - x) = 0$, so benutzt man die Regel:

> Ein *Produkt* kann nur null ergeben, wenn mindestens einer der Faktoren gleich null ist.

Beispiel

$(x + 2)(7 - x) = 0$
Somit muss gelten $x + 2 = 0$; $x_1 = -2$
oder $7 - x = 0$; $x_2 = 7$.
$\mathbb{L} = \{-2; 7\}$

Dies Verfahren ist besonders wichtig bei Gleichungen höheren Grades.

Beispiel

$(x - 1)(x + 2)(x - 3) = 0$
Die Lösungen lauten dann: $x_1 = 1, x_2 = -2, x_3 = 3$

2. Ist in der allgemeinen *quadratischen Gleichung* das *absolute Glied c = 0*, so lässt sich x *ausklammern*. Regel:

> Klammere – immer dann, wenn möglich – die Variable x aus.

$ax^2 + bx = 0$
$x(ax + b) = 0$
Nach der Regel in 1.) gilt dann:
$x = 0$; d. h.: $x_1 = 0$ oder
$ax + b = 0 \Leftrightarrow ax = -b \Leftrightarrow x_2 = \dfrac{-b}{a}$

Beispiel

$2x^2 + x = 0$
$x(2x + 1) = 0$
$x_1 = 0; x_2 = -\dfrac{1}{2}$

3. Ist in der allgemeinen quadratischen Gleichung $b = 0$, so handelt es sich um eine *rein quadratische Gleichung*.

Man isoliert x^2 und zieht die Wurzel.

$$a x^2 + c = 0 \Leftrightarrow x^2 = \frac{-c}{a}; \; x_{1/2} = \pm \sqrt{\frac{-c}{a}}$$

Beispiel

$$\begin{aligned}
2 x^2 - 18 &= 0 && | + 18 \\
2 x^2 &= 18 && | : 2 \\
x^2 &= 9 && | \sqrt{} \\
x_1 &= +3; \; x_2 = -3
\end{aligned}$$

4. Eine **biquadratische Gleichung** $a x^4 + b x^2 + c = 0$ lässt sich durch **Substitution** (Ersetzung) von $x^2 = z$ auf eine quadratische Gleichung $a z^2 + b z + c = 0$ zurückführen und mit deren Lösungsmethoden für z lösen. Durch Resubstitution (Ersetzung rückgängig machen) erhält man die Lösungen für x. Regel:

Ersetze x^2 durch z.

Beispiel

$$x^4 - \frac{5}{4} x^2 + \frac{1}{4} = 0 \qquad \text{Substitution: } x^2 = z$$

$$z^2 - \frac{5}{4} z + \frac{1}{4} = 0$$

$$z_{1/2} = \frac{5}{8} \pm \sqrt{\frac{25}{64} - \frac{1}{4}} = \frac{5}{8} \pm \sqrt{\frac{25}{64} - \frac{16}{64}} = \frac{5}{8} \pm \sqrt{\frac{9}{64}}$$

$$= \frac{5}{8} \pm \frac{3}{8}$$

$$z_1 = 1 \quad \text{und} \quad z_2 = \frac{1}{4}$$

Resubstitution:

1.) $x^2 = 1$ $\qquad x_1 = +1$ $\qquad x_2 = -1$

2.) $x^2 = \frac{1}{4}$ $\qquad x_3 = +\frac{1}{2}$ $\qquad x_4 = -\frac{1}{2}$

Probe durchführen ergibt:

Lösungsmenge $\mathbb{L} = \left\{ -1; \; 1; \; +\frac{1}{2}; \; -\frac{1}{2} \right\}$

9 Sachrechnen

9.1 Prozent- und Zinsrechnung

Prozentrechnung

Grundwert G, *Prozentwert W*, *Prozentsatz p*

Grundformel: $\frac{W}{G} = \frac{p}{100}$

Beispiel: 15% (p) von 600 € (G) sind 90 € (W).

$$\frac{90\text{ €}}{600\text{ €}} = \frac{15\%}{100\%}$$

Daraus ergeben sich:

$$W = \frac{p}{100} \cdot G \qquad\qquad 90\text{ €} = \frac{15\%}{100\%} \cdot 600\text{ €}$$

$$G = \frac{W \cdot 100}{p} \qquad\qquad 600\text{ €} = \frac{90\text{ €} \cdot 100\%}{15\%}$$

$$p\% = \frac{W}{G} \cdot 100\% \qquad\qquad 15\% = \frac{90\text{ €}}{600\text{ €}} \cdot 100\%$$

Zinsrechnung (Anwendung der Prozentrechnung mit anderen Bezeichnungen) Kapital *K*, Zinssatz *p*, Laufzeit *t*

Grundformel (*Jahreszinsen*): $\frac{Z}{K} = \frac{p}{100}$

Beispiel: 6% (p) von 800 € (K) sind 48 € (Z).
Daraus ergibt sich:

$$Z = K \cdot \frac{p}{100} \qquad\qquad 48\text{ €} = 800\text{ €} \cdot \frac{6\%}{100\%}$$

Allgemeine Zinsformeln:

Beispiel: Ein Kapital von 4500 € wird für 5 Monate
(5 · 30 Tage) zu 4% verzinst.
Wie hoch sind die Zinsen?

Zinsen für *t* Tage:

$$Z = \frac{K \cdot p \cdot t}{100 \cdot 360} \qquad\qquad Z = \frac{4500\text{ €} \cdot 4 \cdot 150}{100 \cdot 360} = 75\text{ €}$$

Kapital:

$$K = \frac{Z \cdot 100 \cdot 360}{p \cdot t} \qquad\qquad K = \frac{75\text{ €} \cdot 100 \cdot 360}{4 \cdot 150} = 4500\text{ €}$$

Zinssatz:

$$p = \frac{Z \cdot 100 \cdot 360}{K \cdot t} \qquad\qquad p = \frac{75\ € \cdot 100\% \cdot 360}{4500\ € \cdot 150} = 4\%$$

Laufzeit:

$$t = \frac{Z \cdot 100 \cdot 360}{K \cdot p} \qquad\qquad t = \frac{75\ € \cdot 100 \cdot 360}{4500\ € \cdot 4} = 150 \text{ Tage}$$

9.2 Schlussrechnung – Dreisatzrechnung

Anwendungsaufgaben, bei denen die gegebenen Größen zueinander direkt oder indirekt proportional sind (↗ Proportionalität, S. 45), können häufig in 3 Sätzen (**Dreisatz**) notiert und gelöst werden.
Der 1. Satz formuliert die Bedingung.
Der 2. Satz formuliert den Schluss von der Vielheit auf die Einheit.
Der 3. Satz formuliert den Schluss von der Einheit auf die Vielheit.

✂ Beispiel

Es liegt eine *direkte Proportionalität* vor. 3 kg Äpfel kosten 4,95 €. Wie viel kosten 5 kg Äpfel dieser Sorte?

1. Satz (Bedingung): $\qquad\qquad\qquad$ 3 kg → 4,95 €

2. Satz (Von der Vielheit auf die Einheit): 1 kg → $\frac{4,95}{3}$ €

3. Satz (Von der Einheit auf die Vielheit): 5 kg → $\frac{4,95}{3}$ € · 5

$$= 8,25\ €$$

Antwort: 5 kg Äpfel kosten 8,25 €.

Liegt eine *indirekte Proportionalität* vor,
• so wird vom 1. zum 2. Schritt nicht dividiert, sondern multipliziert
• und vom 2. zum 3. Schritt nicht multipliziert, sondern dividiert!

Funktionen

1 Definition und Darstellung im Koordinatensystem

Eine *eindeutige Zuordnung*, bei der jedem Element aus dem *Definitionsbereich* $\mathbb{D}$ genau ein Element aus dem *Wertebereich* $\mathbb{W}$ zugeordnet wird, heißt *Funktion f*.

Schreibweise: $f: x \to f(x),\ x \in \mathbb{D}, f(x) \in \mathbb{W}$
Funktionsgleichung: $y = f(x)$

Beispiele
- Jedem Kraftfahrzeug wird eindeutig ein amtliches Nummernschild zugeordnet.
- $f: x \to x^2$ oder $f(x) = x^2$ Jeder reellen Zahl wird eindeutig ihre Quadratzahl zugeordnet ($1 \to 1$; $2 \to 4$; $-2 \to 4$, …)
  Gegenbeispiel: Jeder Quadratzahl x^2 wird eine Zahl x zugeordnet. Diese Zuordnung ist **nicht** eindeutig, es handelt sich **nicht** um eine Funktion, denn z. B. können der 9 die Zahlen 3 **und** -3 zugeordnet werden:
  $9 \to +3$ und $9 \to -3$, denn $(+3) \cdot (+3) = 9$ und $(-3) \cdot (-3) = 9$

Kartesisches Koordinatensystem: Ein System mit zwei senkrecht aufeinander stehenden Achsen nennt man kartesisches Koordinatensystem in der Ebene. Graphen von Zuordnungen, insbesondere Funktionsgraphen innerhalb der reellen Zahlenmenge lassen sich hiermit übersichtlich darstellen. Das *Zahlenpaar* $(x_1; y_1)$ gibt einen Punkt P mit den *Koordinaten* x_1 und y_1 an.

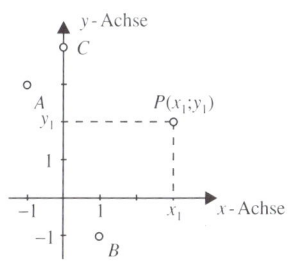

Beispiele: $A(-1; 3)$; $B(1; -1)$; $C(0; 4)$

◆ Den Graphen der Funktion $f(x) = x^2$ erhält man durch Aufstellen einer Wertetabelle für x und y. Ausgewählte Zahlenpaare lassen den ungefähren Verlauf erkennen:

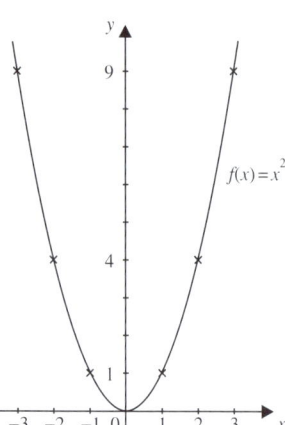

Wertetabelle:

x	-3	-2	-1	0	1	2	3
y	9	4	1	0	1	4	9

Übrigens lassen sich mit Hilfe der Koordinaten der Zahlenpaare auch Rechnungen durchführen.

✂ **Beispiel:** Bestimmen des ***Mittelpunkts einer Strecke*** (↗ S. 107). Gegeben seien die Endpunkte $A(x_1; y)$ und $B(x_2; y_2)$. Die Koordinaten des Mittelpunktes lauten wie folgt:

$$M\left(\frac{x_1 + x_2}{2}; \frac{y_1 + y_2}{2}\right).$$

Für $A(1; 2)$ und $B(7; 4)$ heißt der Mittelpunkt von $\overline{AB}$:

$$M\left(\frac{1 + 7}{2}; \frac{4 + 2}{2}\right) = M(4; 3).$$

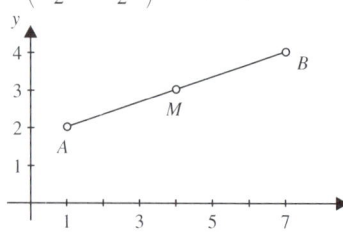

2 Proportionalität

Direkte Proportionalität

x und y heißen zueinander proportional, wenn dem n-fachen von x das n-fache von y zugeordnet wird ($x \sim y$).

Die Wertepaare $(x; y)$ einer proportionalen Zuordnung sind *quotientengleich*, d. h., für jedes Wertepaar $(x; y)$ gilt $\frac{y}{x} = k$ (konstanter *Proportionalitätsfaktor*).

Zuordnungsvorschrift: $x \to k \cdot x$ k, konstant,
heißt *Proportionalitätsfaktor*

Gleichung: $y = k \cdot x$

Veranschaulichung im Koordinatensystem: Die Wertepaare liegen auf einer Geraden bzw. Halbgeraden durch den Ursprung.

Beispiel

1 l Benzin kostet 0,80 €.
2 l Benzin kosten 1,60 €.
3 l Benzin kosten 2,40 €.
8 l Benzin kosten 6,40 €.

Die Wertepaare sind *quotientengleich*:

$$\frac{0,8}{1} = \frac{1,6}{2} = \frac{2,4}{3} = \frac{6,4}{8} = 0,8 = k$$

Funktionsgleichung: $y = 0,8 \cdot x$

Graph im Koordinatensystem

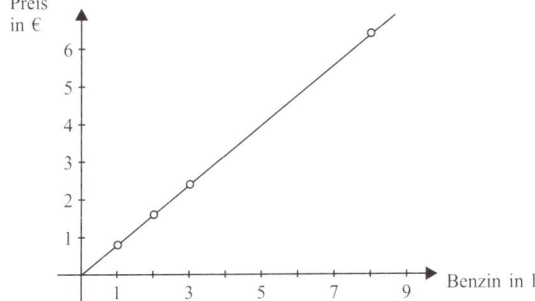

Indirekte Proportionalität

x und y heißen zueinander indirekt proportional, wenn dem n-fachen von x der n-te Teil von y zugeordnet wird $\left(x \sim \dfrac{1}{y}\right)$.

Die Wertepaare $(x; y)$ einer indirekten Proportionalität sind **produktgleich**, d. h., für jedes Wertepaar $(x; y)$ gilt $x \cdot y = k$.

Zuordnungsvorschrift: $x \to \dfrac{k}{x}$

Gleichung: $y = \dfrac{k}{x} = k \cdot \dfrac{1}{x}$

Veranschaulichung im Koordinatensystem: Die Wertepaare liegen auf einem Hyperbelast.

✄ Beispiel

Angenommen, eine Strecke von 100 m wird mit unterschiedlichen Geschwindigkeiten durchfahren, dann verändern sich auch die jeweiligen Zeiten.

Geschwindigkeit in m/s	Zeit in Sekunden
5	20,0
10	10,0
15	≈ 6,7
20	5,0
25	4,0

Graph im Koordinatensystem:

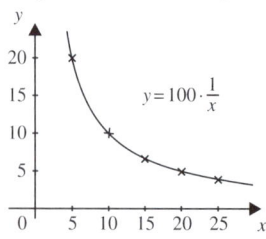

Die Wertepaare sind **produktgleich**:
$5 \cdot 20 = 10 \cdot 10 = 15 \cdot 6,6 = 20 \cdot 5 = 25 \cdot 4 = 100$

Funktionsgleichung: $y = 100 \cdot \dfrac{1}{x}$

3 Lineare Funktionen

Funktionsgleichung: $f(x) = y = ax + b$
Man bezeichnet die Konstante a oftmals mit m: $y = mx + b$
(oft: $y = mx + n$, ↗ Lineare Gleichungen, S. 28).
Definitionsbereich $\mathbb{D} = \mathbb{R}$
Graph im Koordinatensystem: **Gerade**
b heißt y-Achsen-Abschnitt der Geraden, m heißt **Steigung**
der Geraden.

Skizze: **Steigungsformel:**

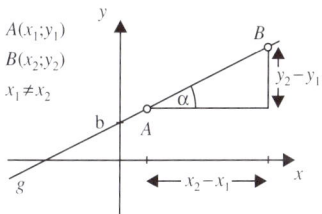

$A(x_1;y_1)$
$B(x_2;y_2)$
$x_1 \neq x_2$

$m = \dfrac{y_2 - y_1}{x_2 - x_1}$

$m = \tan \alpha$

$m > 0$: steigende Gerade
$m < 0$: fallende Gerade
$m = 0$: konstante Gerade

◄ Beispiele

f_1: $y = 3x + 1$
f_2: $y = x$
f_3: $y = -2x - 1$
f_4: $y = 3$
f_5: $y = -\frac{1}{2}x - 1$

Sonderfälle:
$y = 0$ x-Achse
$x = 0$ y-Achse

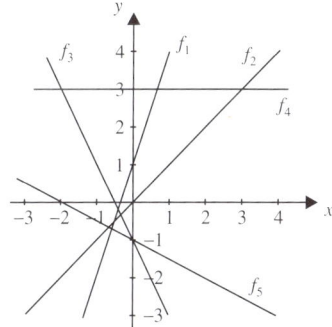

Schnittpunkte von Geraden: Die Ermittlung des Schnitt-
punkts entspricht der Lösungsermittlung eines linearen Glei-
chungssystems (↗ S. 30 ff.).

Lage von zwei Geraden g_1 und g_2 im Koordinatensystem

g_1: $y = m_1 x + b_1$ g_2: $y = m_2 x + b_2$

1. ***Parallele Geraden:*** Die Steigung ist gleich.

Beispiel: g_1: $y = \frac{3}{2}x + 1$

                g_2: $y = \frac{3}{2}x - 1$

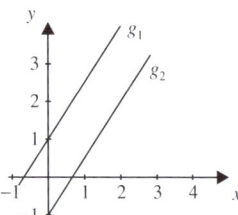

Es existiert kein Schnittpunkt, das Gleichungs-
system hat keine Lösung.
$g_1 \parallel g_2$

2. ***Identische Geraden:*** Steigung und y-Achsen-Abschnitt
sind gleich.

Beispiel: g_1: $2y = 4x + 2$,
               d. h. $y = 2x + 1$;
                   $g_1 = g_2$
          g_2: $y = 2x + 1$

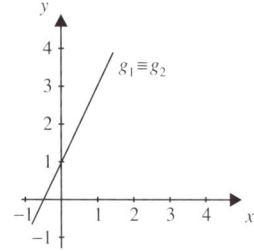

Es existieren unendlich
viele Schnittpunkte, das
Gleichungssystem hat
unendlich viele Lösungen.
$g_1 \equiv g_2$

3. Zwei Geraden schneiden sich:

Beispiel:

g_1: $y = \frac{1}{3}x - 2$

g_2: $y = -x + 2$

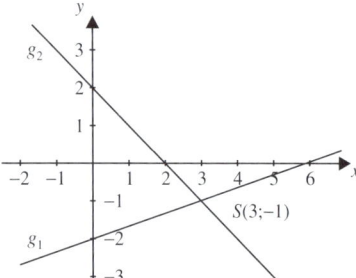

Auflösen nach dem Gleichsetzungsverfahren ($\nearrow$ S. 32):

$$\frac{1}{3}x - 2 = -x + 2$$

$$\frac{4}{3}x = 4$$

$x = 3 \Rightarrow$ in g_2 einsetzen $\Rightarrow y = -3 + 2 = -1$

$g_1 \cap g_2$ ***Schnittpunkt*** $S(3; -1)$

Spezialfall: ***Orthogonale Geraden***

Für die Steigung gilt: $m_1 \cdot m_2 = -1$.

Beispiel: g_1: $y = -\frac{1}{2}x + 1$

g_2: $y = 2x - 4$; $m_1 \cdot m_2 = -\frac{1}{2} \cdot 2 = -1$

Es existiert genau ein Schnittpunkt.

Lösen mit Gleichsetzungsverfahren:

$$-\frac{1}{2}x + 1 = 2x - 4 \quad | -2x - 1$$
$$x = 2$$
$$y = 0$$

$g_1 \perp g_2$ \qquad Schnittpunkt $S(2; 0)$

4 Quadratische Funktionen

Funktionsgleichung: $f(x) = y = ax^2 + bx + c$ (↗ quadratische Gleichungen S. 35)

Definitionsbereich: $\mathbb{D} = \mathbb{R}$

Graph im Koordinatensystem: **Parabel**

Normalparabel: $f(x) = x^2$

Scheitelpunkt: $S(0; 0)$

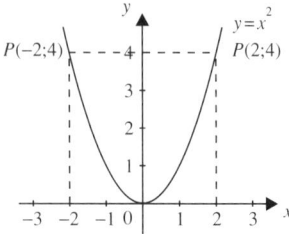

Parabeln: $f(x) = ax^2$

$a = 1$ Normalparabel
$a > 1$ gestreckte Parabel
$a < 1$ gestauchte Parabel
$a > 0$ nach oben geöffnete Parabel
$a < 0$ nach unten geöffnete Parabel

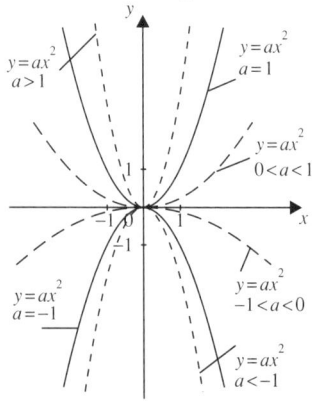

Verschiebungen:
$f(x) = x^2 + e$
Verschiebung der Normalparabel um $+e$ parallel zur y-Achse.
Scheitelpunkt $S(0; e)$

Beispiele
$f_1(x) = x^2 + 2$; $S(0; 2)$
$f_2(x) = x^2 - 1$; $S(0; -1)$

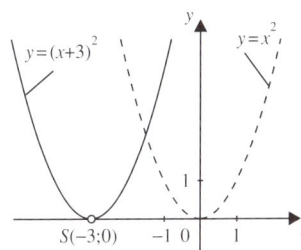

$f(x) = (x + d)^2$
Verschiebung der Normalparabel um $-d$ parallel zur x-Achse.
Scheitelpunkt $S(-d; 0)$

Beispiele
$f_1(x) = (x + 3)^2$;
$S(-3; 0)$
$f_2(x) = \left(x - \dfrac{1}{2}\right)^2$;
$S\left(+\dfrac{1}{2}; 0\right)$

$f(x) = (x + d)^2 + e$
Verschiebung der Normalparabel um $+e$ parallel zur y-Achse und um $-d$ parallel zur x-Achse.
Scheitelpunkt $S(-d; e)$

Beispiele
$f_1(x) = (x - 2)^2 - 1$;
$S(+2; -1)$
$f_2(x) = -(x + 1)^2 + 2$;
$S(-1; +2)$

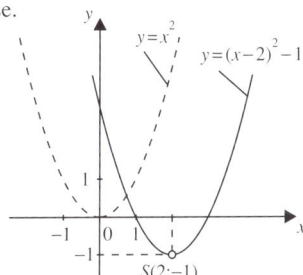

Scheitelpunkt der allgemeinen quadratischen Funktion
$f(x) = a\,x^2 + b\,x + c$

Scheitelpunkt $S\left(-\dfrac{b}{2\,a};\; c - \dfrac{b^2}{4\,a}\right)$

✄ Beispiel

$f(x) = 3\,x^2 - 12\,x + 13 \qquad a = 3;\;\; b = -12;\;\; c = 13$

$S\left(-\dfrac{-12}{2 \cdot 3};\; 13 - \dfrac{12^2}{4 \cdot 3}\right) = S\left(\dfrac{12}{6};\; 13 - \dfrac{144}{12}\right) = S\,(2;\, 13 - 12),$

d. h. der Scheitelpunkt von $f(x)$ lautet $S\,(2;\, 1)$.

Berechnen der Schnittpunkte mit der *x*-Achse (Nullstellen)

Die Bedingung lautet: $f(x) = y = a\,x^2 + b\,x + c = 0$.
Gelöst wird mit Methoden zur Lösung quadratischer Gleichungen (↗ S. 36 ff.). Die drei möglichen Lösungsarten lassen sich geometrisch im Koordinatensystem veranschaulichen.

✄ Beispiele

Wir bestimmen die Nullstellen quadratischer Funktionen und skizzieren die Graphen:

a) $f(x) = x^2 + 2\,x - 3$

$x^2 + 2\,x - 3 = 0$

$x_{1/2} = -\dfrac{2}{2} \pm \sqrt{\left(\dfrac{2}{2}\right)^2 - (-3)}$

$\phantom{x_{1/2}} = -1 \pm \sqrt{1 + 3}$

$\phantom{x_{1/2}} = -1 \pm \sqrt{4}$

$x_1 = 1$

$x_2 = -3$

2 Schnittpunkte mit der *x*-Achse:
$N_1\,(1;\, 0);\; N_2\,(-3;\, 0)$.

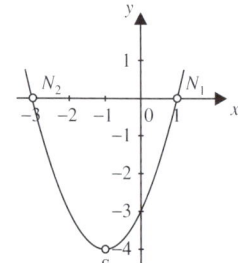

b) $f(x) = x^2 + 4x + 4$

$$x^2 + 4x + 4 = 0$$
$$(x + 2)(x + 2) = 0$$
$$x_1 = -2$$
$$x_2 = -2$$

1 Schnittpunkt mit der
x-Achse: $N(-2; 0)$.

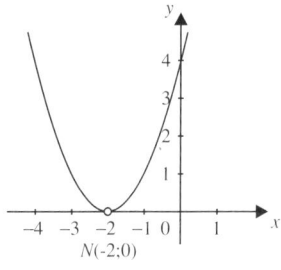

c) $f(x) = x^2 - 2x + 3$

$$x^2 - 2x + 3 = 0$$

$$x_{1/2} = -\frac{-2}{2} \pm \sqrt{\left(\frac{-2}{2}\right)^2 - 3}$$

$$= 1 \pm \sqrt{1 - 3}$$
$$= 1 \pm \sqrt{-2}$$

Es existiert keine reelle
Lösung. Die Funktion hat
keinen Schnittpunkt mit
der x-Achse.

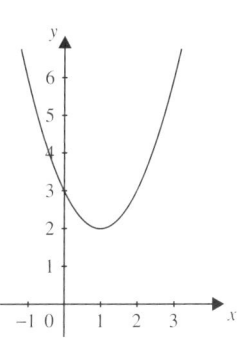

5 Potenzfunktionen

Potenzfunktionen mit natürlichen Exponenten

Funktionsgleichung: $f(x) = x^n$; $n \in \mathbb{N}\setminus\{1\}$

Definitionsbereich: $\mathbb{D} = \mathbb{R}$

Graph im Koordinatensystem: Parabel

Man unterscheidet gerade und ungerade Funktionen:

n gerade	n ungerade

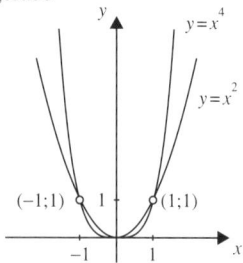

Achsensymmetrische Parabeln
bezüglich der y-Achse

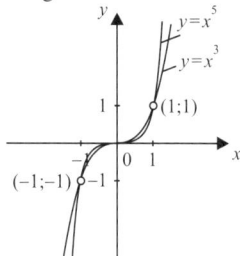

Punktsymmetrische Parabeln
bezüglich $0\,(0;\,0)$

Potenzfunktionen mit ganzzahligen negativen Exponenten

Funktionsgleichung: $f(x) = x^{-n} \Leftrightarrow f(x) = \dfrac{1}{x^n};\ n \in \mathbb{N}$

Definitionsbereich: $\mathbb{D} = \mathbb{R}\backslash\{0\}$

Graph im Koordinatensystem: *Hyperbel*

Die Graphen der Funktionen verlaufen *asymptotisch*, d. h., sie nähern sich den Achsen bzw. einer waagrechten und senkrechten Geraden *(Asymptoten)* an und kommen diesen beliebig nahe, berühren sie aber nie.

Man unterscheidet gerade und ungerade Funktionen:

n gerade	n ungerade

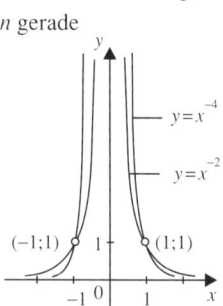

Achsensymmetrische Hyperbeln
bezüglich der y-Achse
Gleichungen der Asymptoten:
$x = 0$ und $y = 0$

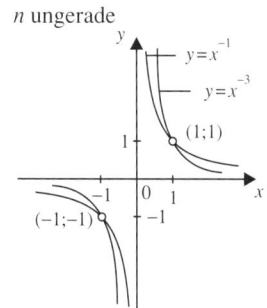

Punktsymmetrische Hyperbeln
bezüglich $0\,(0;\,0)$
Gleichungen der Asymptoten:
$x = 0$ und $y = 0$

Potenzfunktionen mit rationalen, nicht ganzzahligen Exponenten

Funktionsgleichung $f(x) = x^{\frac{m}{n}} \Leftrightarrow f(x) = \sqrt[n]{x^m}; \; \frac{m}{n} \in \mathbb{Q} \setminus \mathbb{Z}$

Bei der Darstellung im Koordinatensystem unterscheidet man

Graphen für $\frac{m}{n} > 0$ und $\frac{m}{n} < 0$

$\mathbb{D} = \mathbb{R}_0^+$ $\qquad\qquad\qquad\qquad$ $\mathbb{D} = \mathbb{R}^+$

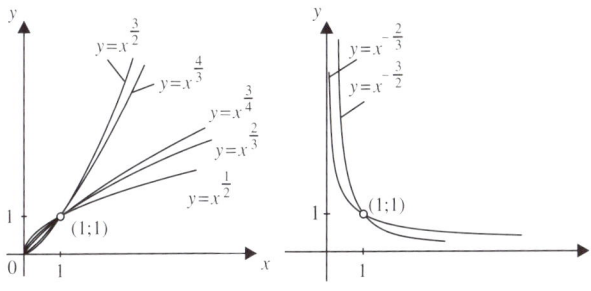

Gleichungen der Asymptoten:
$x = 0$ und $y = 0$

6 Ganzrationale und gebrochenrationale Funktionen

Ganzrationale Funktionen sind zusammengesetzte Potenzfunktionen. Den Funktionsterm $f(x)$ nennt man auch *Polynom*.

Funktionsgleichung: $f(x) = a_n x^n + a_{n-1} x^{n-1} + \ldots$
$$+ a_2 x^2 + a_1 x + a_0$$

Die höchste Potenz für x gibt den *Grad der Funktion* an.
Definitionsmenge $\mathbb{D} = \mathbb{R}$

◀ Beispiele

- $f_1(x) = 2x^4 + 4x^2 - 3x$ (Funktion 4. Grades)
- $f_2(x) = 4x^2 + 8x + 1$ (Funktion 2. Grades; ⭧ quadratische Funktionen, S. 50 ff.)
- $f_3(x) = -3x - 1$ (Funktion 1. Grades; ⭧ lineare Funktionen, S. 47 ff.)
- $f_4(x) = 3$ (Funktion 0. Grades; ⭧ konstante Funktion, S. 47)

Gebrochenrational nennt man Funktionen, deren Term ein Quotient aus Polynomen ist. Der Definitionsbereich dieser Funktionen muss jeweils überprüft werden.

Die Nullstellen des Nenners sind *Definitionslücken*. Der Nenner darf nicht null werden.

Beispiel: $f(x) = \dfrac{x^2 + 2x + 1}{x^2 - 1}$

Bestimmen der Definitionslücken:
$$x^2 - 1 = (x + 1) \cdot (x - 1) = 0$$
$$x_1 = -1$$
$$x_2 = +1$$
Definitionsmenge $\mathbb{D} = \mathbb{R} \setminus \{-1; +1\}$

7 Exponentialfunktionen

Funktionsgleichung: $f(x) = a^x; \; a \in \mathbb{R}^+ \setminus \{1\}$
Definitionsmenge $\mathbb{D} = \mathbb{R}$
Beispiele für die
Darstellung im
Koordinatensystem:

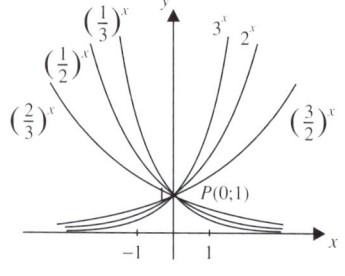

Die Graphen verlaufen alle durch $P(0; 1)$.
$$f(x) = \left(\frac{1}{a}\right)^x \Leftrightarrow f(x) = a^{-x}$$

Exponentialfunktionen
$f(x) = c \cdot a^x$
mit Anfangswert c; $c \in \mathbb{R}$

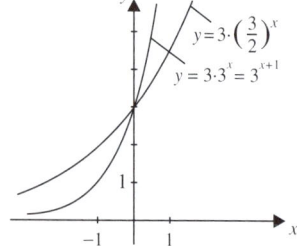

Die Graphen verlaufen alle durch $P(0; c)$.
Hier: $P(0; 3)$

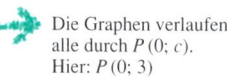

Anwendungen der Exponentialfunktion

Zinseszinsen: Anfangskapital K_0; Endkapital nach n Jahren K_n, Zinssatz p, Zeit in Jahren n, Wachstumsfaktor $q = \left(1 + \dfrac{p}{100}\right)$

$$K_n = K_0 \cdot \left(1 + \frac{p}{100}\right)^n = K_0 \cdot q^n$$

Beispiel

Ein Kapital von 15 000 € wird mit einer Laufzeit von 7 Jahren mit 6,5% verzinst. Wie hoch ist das Endkapital?

$$K_n = 15\,000 \cdot € \left(1 + \frac{6{,}5}{100}\right)^7 = 15\,000\,€ \cdot 1{,}065^7$$
$$\approx 23\,309{,}80\ €$$

8 Logarithmusfunktionen

Funktionsgleichung: $f(x) = \log_a x;\ a \in \mathbb{R}^+\backslash\{1\}$
Definitionsmenge $\mathbb{D} = \mathbb{R}^+$
Beispiele für die Darstellung im Koordinatensystem:

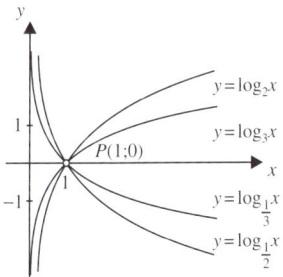

$$f(x) = \log_{\left(\frac{1}{a}\right)} x \iff f(x) = -\log_a x$$

Zusammenhang mit der Exponentialfunktion:

Die *Logarithmusfunktion* $f(x) = \log_a x$ ist die Umkehrfunktion der *Exponentialfunktion* $f(x) = a^x$.

Beispiel

Wir zeichnen den Graphen der Funktion $f(x) = \log_3 x$ mit Hilfe der Exponentialfunktion $f(x) = 3^x$.

Durch Spiegelung des Graphen von $f(x) = 3^x$ an der 1. Winkelhalbierenden erhalten wir den Graphen der **Umkehrfunktion** $f^{-1}(x) = \log_3 x$.

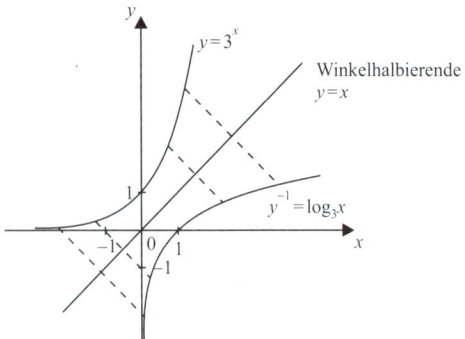

9 Trigonometrische Funktionen

Bogenmaß x — x ist die Länge des Kreisbogens im Einheitskreis (Radius $r = 1$ LE) mit Mittelpunktswinkel φ ↗ S. 65.

Formeln zur Umrechnung von Bogenmaß in **Winkelmaß**:

$$x = 2\pi \cdot \frac{\varphi}{360°} \qquad \varphi = \frac{x}{\pi} \cdot 180°$$

Häufig benötigte Umrechnungen:

φ	0°	30°	45°	60°	90°	180°	270°	360°
x	0	$\frac{\pi}{6}$	$\frac{\pi}{4}$	$\frac{\pi}{3}$	$\frac{\pi}{2}$	π	$\frac{3}{2}\pi$	2π

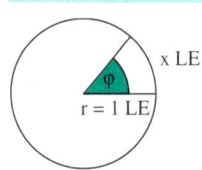

Sinusfunktion

Funktionsgleichung: $f(x) = \sin x$
Definitionsmenge $\mathbb{D} = \mathbb{R}$
Wertemenge $[-1; +1]$
Darstellung im Koordinatensystem:

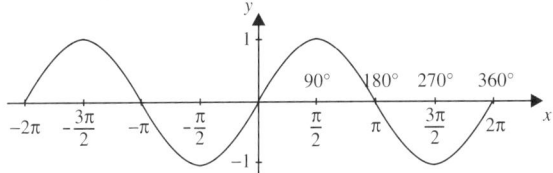

Die Funktion ist *punktsymmetrisch* bzgl. des Ursprungs, es gilt $\sin(-x) = -\sin x$. Die *Periode* ist 2π (bzw. $360°$).
$\sin x = \sin(x + k \cdot 2\pi)$.

Kosinusfunktion

Funktionsgleichung: $f(x) = \cos x$
Definitionsmenge: $\mathbb{D} = \mathbb{R}$
Wertemenge $[-1; +1]$
Darstellung im Koordinatensystem:

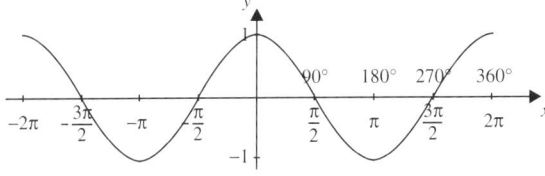

Die Funktion ist *achsensymmetrisch* bzgl. der y-Achse, es gilt $\cos(-x) = \cos x$. Die *Periode* ist 2π (bzw. $360°$).
$\cos x = \cos(x + k \cdot 2\pi)$.

Tangensfunktion

Funktionsgleichung: $f(x) = \tan x$
Definitionsmenge $\mathbb{D} = \left\{ x \in \mathbb{R} \mid x \neq (2k+1) \cdot \dfrac{\pi}{2} \right\}$; $k \in \mathbb{Z}$
Wertemenge $\mathbb{W} = \mathbb{R}$

Darstellung im Koordinatensystem:

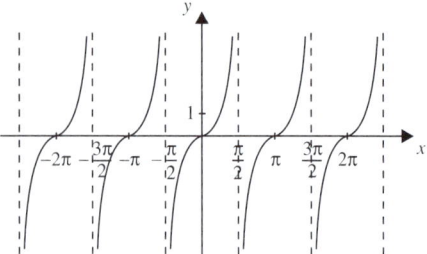

Die Funktion ist **_punktsymmetrisch_** bzgl. des Ursprungs, es gilt $\tan(-x) = -\tan x$. Die **_Periode_** ist π (bzw. 180°). $\tan x = \tan(x + k \cdot \pi)$; $k \in \mathbb{Z}$.

Geometrie

----

1 Grundbegriffe

Unter einem geometrischen Gebilde soll eine „Menge von Punkten" – eine so genannte **Punktmenge** – verstanden werden.

Ebene: Eine Ebene E besteht aus einer Menge von Punkten, die eine unendliche Punktemenge darstellt. Jede Teilmenge von E – endlich oder unendlich – nennt man ebene Figur.

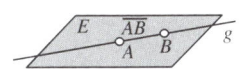

Strecke: Die kürzeste Verbindung zwischen zwei Punkten A und B nennt man Strecke $\overline{AB}$.

Gerade: Eine Gerade g nennt man die Verlängerung einer Strecke über ihre Endpunkte hinaus.

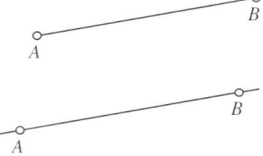

Schnittpunkt: Existiert zu zwei verschiedenen Geraden g und h ein Punkt P, der auf beiden Geraden liegt, so heißt P Schnittpunkt von g und h: $g \cap h = \{P\}$.
Zwei Geraden ohne Schnittpunkt nennt man **parallel**. Sonderfall: **Identische** Geraden sind parallel und haben unendlich viele Schnittpunkte.

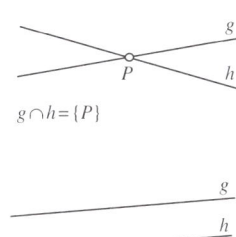

$g \cap h = \{P\}$

$g \parallel h$

Halbgerade oder **Strahl:** Die Halbgerade ist die Verlängerung einer Strecke über **einen** Endpunkt hinaus.

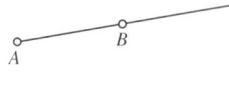

Winkel: Zwei Halbgeraden mit einem gemeinsamen Anfangspunkt erzeugen einen Winkel. Die Halbgeraden heißen dann **Schenkel**, der gemeinsame Anfangspunkt heißt Scheitelpunkt S.

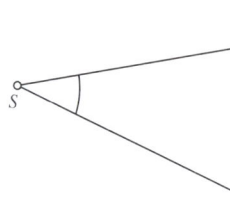

✄ Beispiel

Der Zeichnung kann man Folgendes entnehmen:
$g \parallel h$; $g \nparallel k$; $h \nparallel k$; $g \cap k = \{A\}$; $h \cap k = \{B\}$;
$g \cap h = \{\}$; $\overline{AB} \subset k$; $\overline{AB} \not\subset g$; $\overline{AB} \not\subset h$;
$A \in g$; $A \in k$; $A \notin h$; $B \in h$; $B \in k$; $B \notin g$

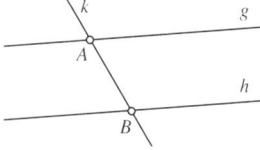

1.1 Winkelsätze

Winkel an sich schneidenden Geraden

Schneiden sich zwei Geraden in der Ebene, so kann man 4 **Winkelfelder** unterscheiden: Je zwei gegenüberliegende Felder heißen Scheitelwinkelfelder, je zwei nebeneinanderliegende Felder heißen Nebenwinkelfelder.

➥ Merke:

Scheitelwinkel sind gleich groß.
Scheitelwinkelpaare: $\alpha = \gamma$; $\beta = \delta$
Nebenwinkel ergänzen sich zu 180°.
Nebenwinkelpaare:
$\alpha + \beta = 180°$; $\alpha + \delta = 180°$
$\gamma + \beta = 180°$; $\gamma + \delta = 180°$

Winkel an parallelen Geraden

Werden in der Ebene zwei parallele Geraden g_1 und g_2 von einer dritten Geraden h geschnitten, so unterschneidet man 8 *Winkelfelder* und dabei wiederum Stufenwinkel- und Wechselwinkelfelder.

Stufenwinkelpaare sind:
$\alpha_1 = \alpha_2; \beta_1 = \beta_2; \gamma_1 = \gamma_2; \delta_1 = \delta_2$.
Wechselwinkelpaare sind:
$\alpha_1 = \gamma_2; \beta_1 = \delta_2; \gamma_1 = \alpha_2; \delta_1 = \beta_2$.

Merke: *Stufenwinkel* und *Wechselwinkel* an geschnittenen Parallelen sind gleich groß.

Beispiel

Gegeben ist $\alpha = 30°$.
Wir schließen: $\alpha = \gamma = \gamma' = \alpha' = 30°$
$\quad\quad\quad\quad\quad\quad \beta = 150°$ (denn $30° + 150° = 180°$)
$\quad\quad\quad\quad\quad\quad \delta = \delta' = \beta' = 150°$

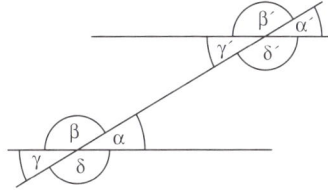

Winkelsorten

Nullwinkel:
$\alpha = 0°$

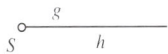

spitzer Winkel:
$0 < \alpha < 90°$

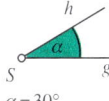

$\alpha = 30°$

rechter Winkel:
$\alpha = 90°$

stumpfer Winkel:
$90° < \alpha < 180°$

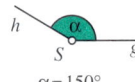

$\alpha = 150°$

gestreckter Winkel:
$\alpha = 180°$

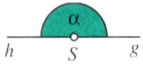

überstumpfer Winkel:
$180° < \alpha < 360°$

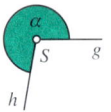

$\alpha = 260°$

Vollwinkel:
$\alpha = 360°$

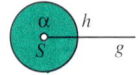

Winkelsummen
Die Summe der **Innenwinkel**
im Dreieck beträgt 180°.

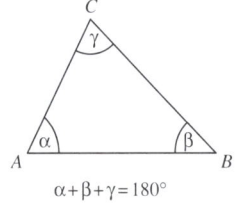

$\alpha + \beta + \gamma = 180°$

 Beispiel:

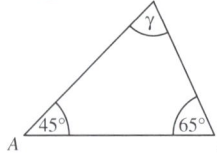

$\gamma = 180° - 45° - 65°$
$\gamma = 70°$

Summe der **Innenwinkel** im *n*-Eck: $(n - 2) \cdot 180°$.

Beispiel: Summe der Innenwinkel im Sechseck:
$4 \cdot 180° = 720°$.

Winkel im Kreis:
Alle Umfangswinkel γ über
einer Sehne AB sind gleich
groß.

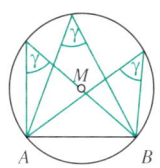

Alle Umfangswinkel γ über
einer Sehne AB sind halb so
groß wie der **Mittelpunktswinkel** α über derselben Sehne:
$\gamma = \frac{1}{2}\,\alpha$.

Daraus folgt der **Satz des
THALES**:
Jeder *Umfangswinkel* über
einem Durchmesser d ist ein
rechter Winkel. (Der Mittelpunktswinkel beträgt nämlich
180°. Für den Umfangswinkel
gilt dann: $g = \frac{1}{2} \cdot 180° = 90°$.)

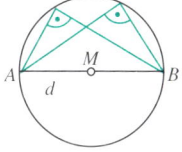

.2 Geometrische Örter (Ortslinien)

Ein *geometrischer Ort* ist eine Teilmenge der Ebene (Kreis,
Gerade, Strecke, …) – oder auch des Raumes – die eine gegebene Bedingung erfüllt.

Kreis mit Radius *r*
Geometrischer Ort aller Punkte,
die von einem Punkt M die
Entfernung r haben.

Parallele *h* mit Abstand *a*
Geometrischer Ort aller Punkte,
die von einer Geraden *g* die
Entfernung *a* haben.

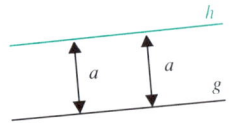

Mittelsenkrechte *m* einer
Strecke
Geometrischer Ort aller Punkte,
die von den Endpunkten dieser
Strecke jeweils gleich weit ent-
fernt sind.

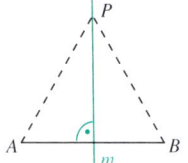

Winkelhalbierende *w*
Geometrischer Ort aller Punkte,
die von den Schenkeln des
Winkels jeweils gleich weit
entfernt sind.

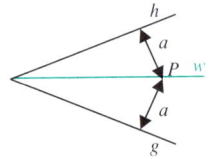

2 Kongruenzsätze und Ähnlichkeitssätze für Dreiecke

2.1 Kongruenz von Dreiecken

Zwei Dreiecke heißen ***kongruent*** ($\equiv$), wenn ihre Seiten und
Winkel gleich sind und wenn sie so aufeinander abgebildet
werden können, dass sie sich decken (kongruent = deckungs-
gleich). Diese Abbildung kann z. B. durch Drehung, Verschiebung, Spiegelung erfolgen.

Kongruenzsätze
Zwei Dreiecke sind kongruent,
wenn sie
1. in allen drei Seiten übereinstimmen (*sss*),

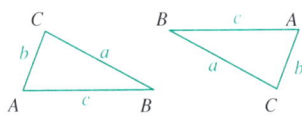

2. in zwei Seiten und dem eingeschlossenen Winkel übereinstimmen (*sws*),

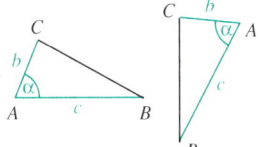

3. in einer Seite und den zwei anliegenden Winkeln übereinstimmen (*wsw*),

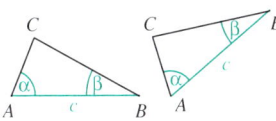

4. in zwei Seiten und dem der längeren Seite gegenüberliegenden Winkel übereinstimmen (*ssw*).

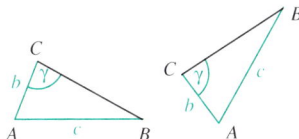

◀ **Beispiele**

Aus den Sätzen ergibt sich, dass sich ein Dreieck genau dann eindeutig konstruieren lässt, wenn alle Größen in einem der 4 Sätze gegeben sind (↗ S. 101 ff.).

◆ Gegeben: $a = 4\,cm$; $b = 3\,cm$; $c = 5\,cm$
Das Dreieck lässt sich eindeutig konstruieren (Satz 1, *sss*).

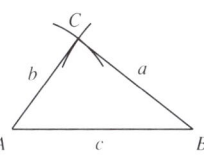

◆ Gegeben: $b = 3\,cm$; $c = 5\,cm$; $\gamma = 30°$
Das Dreieck lässt sich eindeutig konstruieren (Satz 4, *ssw*).

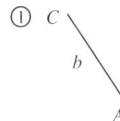
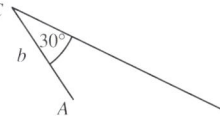

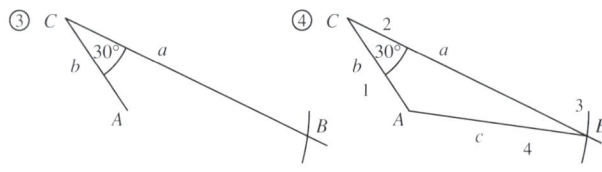

Allerdings: Liegt bei zwei gegebenen Seiten der angegebene Winkel nicht gegenüber der längeren Seite, so ist die Konstruktion nicht eindeutig.

Es gelte: $b = 3$ cm, $c = 5$ cm, $\beta = 30°$

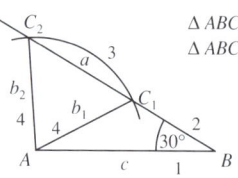

$\Delta\,ABC_1$
$\Delta\,ABC_2$

2.2 Ähnlichkeit von Dreiecken

Durch eine **zentrische Streckung** $Z_{S;k}$ mit **Streckzentrum** S und **Streckfaktor** k ($k \neq 0$) lässt sich eine Figur in eine ähnliche überführen.

 Beispiel

Das Dreieck ABC wird mit Streckzentrum S und Streckfaktor $k = 2$ abgebildet auf das Dreieck $A'B'C'$.

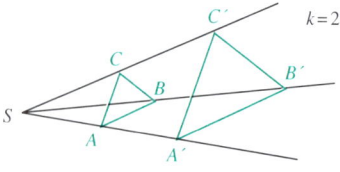

Zwei Dreiecke sind **ähnlich** ($\sim$), wenn sie durch zentrische Streckungen und Kongruenzabbildungen aufeinander abgebildet werden können.

Ähnlichkeitssätze

Zwei Dreiecke sind ähnlich, wenn sie

1. im Verhältnis der 3 Seiten übereinstimmen.

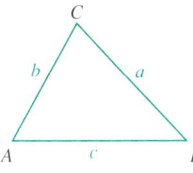 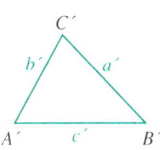

$$a : b : c = a' : b' : c'$$

2. im Verhältnis zweier Seiten und dem Zwischenwinkel übereinstimmen.

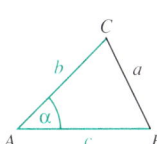 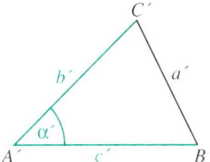

3. in zwei Winkeln übereinstimmen.
   (Der dritte Winkel ist dann automatisch gleich.)

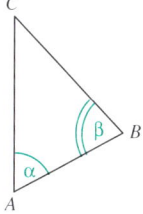 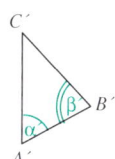

$$\alpha = \alpha'; \beta = \beta'$$

4. im Verhältnis zweier Seiten und dem Gegenwinkel der größeren Seite übereinstimmen.

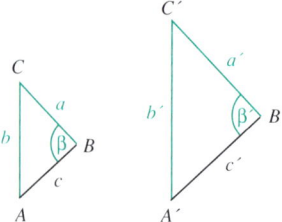

Ähnliche Dreiecke können teilweise zur Deckung gebracht werden. Skizze:

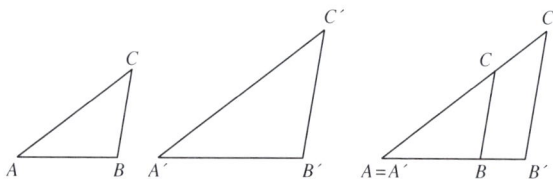

Beispiel

An Hand der Schattenlänge eines Turmes soll dessen Höhe mit Hilfe einer 1 m hohen Stange bestimmt werden.

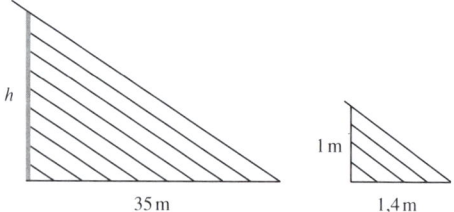

35 m verhalten sich zu 1,4 m wie h (in m) zu 1 m.

$$\frac{35}{1,4} = \frac{h}{1} \Leftrightarrow 25 = h$$

Die Höhe des Turmes beträgt 25 m.

3 Strahlensätze

1. Strahlensatz

Zwei Strahlen gehen von einem Punkt Z aus und werden von zwei Parallelen geschnitten.
Dann verhalten sich die **Abschnitte auf dem einen Strahl** wie die entsprechenden **Abschnitte auf dem anderen Strahl**.

$$\frac{a}{b} = \frac{c}{d}; \quad \frac{a}{(a+b)} = \frac{c}{(c+d)}$$

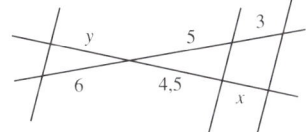

Beispiel

Wir berechnen die fehlenden Größen in der Skizze, nämlich $x = 2{,}7$ cm, $y = 5{,}4$ cm.

$$\frac{5}{3} = \frac{4{,}5}{x} \Leftrightarrow 5x = 4{,}5 \cdot 3 \Leftrightarrow x = \frac{4{,}5 \cdot 3}{5} = 2{,}7$$

$$\frac{5}{6} = \frac{4{,}5}{y} \Leftrightarrow 5y = 4{,}5 \cdot 6 \Leftrightarrow y = \frac{4{,}5 \cdot 6}{5} = 5{,}4$$

2. Strahlensatz

Zwei Strahlen gehen von einem Punkt Z aus und werden von zwei Parallelen geschnitten.
Dann verhalten sich die **Abschnitte auf den Parallelen** wie die jeweils von Z aus gemessenen **sich ergebenden Abschnitte auf jedem der beiden Strahlen**.

$$\frac{g}{h} = \frac{a}{(a+b)}; \frac{g}{h} = \frac{c}{(c+d)}$$

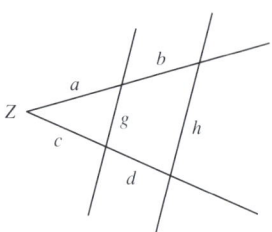

🦴 **Beispiel:**

Wir berechnen die fehlenden Größen in der Skizze, nämlich $x = 1,25$ cm, $y = 1,2$ cm.

$$\frac{2,5}{2,5 + 1,5} = \frac{x}{2} \Leftrightarrow \frac{2,5}{4} = \frac{x}{2} \Leftrightarrow x = \frac{5}{4}$$

$$x = 1,25 \quad \text{(2. Strahlensatz)}$$

$$\frac{2,5}{1,5} = \frac{2}{y} \Leftrightarrow 2,5 \cdot y = 3 \Leftrightarrow y = 1,2 \quad \text{(1. Strahlensatz)}$$

Anwendung: Mit Hilfe des ersten Stahlensatzes lässt sich eine **Strecke** in gleich große Teile **zerlegen**.

Teile – ohne zu rechnen – die Strecke $\overline{AB} = 4$ cm in 5 gleich große Teile.

Wir konstruieren einen Hilfsstrahl an A und tragen ein beliebiges Maß fünfmal ab. Den Endpunkt C verbinden wir mit B und ziehen Parallelen zu $\overline{BC}$ durch alle Teilpunkte zwischen A und C.

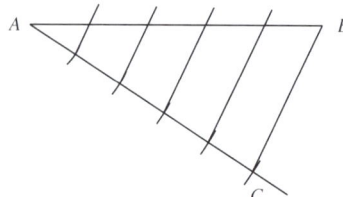

4 Besondere Arten von Dreiecken und Vierecken

Einteilung der Dreiecke

a) nach Winkeln

Spitzwinkliges Dreieck:
3 spitze Winkel

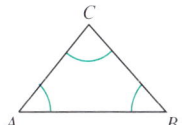

Rechtwinkliges Dreieck:
2 spitze und 1 rechter Winkel
Katheten: Schenkel des rechten
Winkels
Hypotenuse: Seite gegenüber
des rechten Winkels

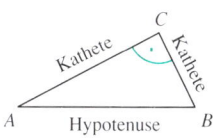

Stumpfwinkliges Dreieck:
2 spitze und 1 stumpfer Winkel

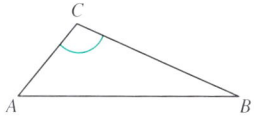

b) nach Seiten

Gleichschenkliges Dreieck:
2 Seiten sind gleich lang, diese
heißen Schenkel. Die 3. Seite
heißt Basis.

Gleichseitiges Dreieck:
3 Seiten sind gleich lang, die
Winkel betragen je 60°.

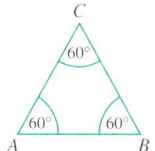

Einteilung der Vierecke

konvexe Vierecke	*konkave Vierecke*
(Diagonalen e und f schneiden sich)	(Diagonalen e und f schneiden sich nicht)

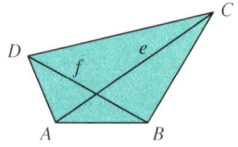 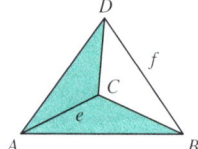

Symmetrische Vierecke (Diagonalen e, f)

Quadrat (4 Achsen):
Die Diagonalen stehen senkrecht aufeinander, sind gleich lang und halbieren einander.
Alle Innenwinkel sind gleich groß (90°).
Alle Seiten sind gleich lang.

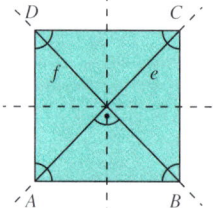

Rechteck (2 Achsen):
Die Diagonalen sind gleich lang und halbieren einander.
Alle Innenwinkel sind gleich groß (90°).
Gegenseiten sind parallel und gleich lang.

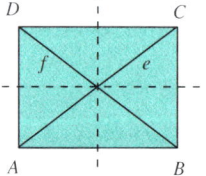

Raute (2 Achsen):
Die Diagonalen stehen senkrecht aufeinander und halbieren einander.
Gegenüberliegende Winkel sind gleich groß.
Alle Seiten sind gleich lang.
Gegenseiten sind parallel.

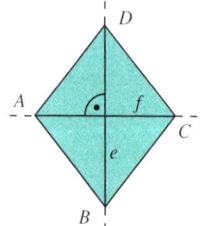

Parallelogramm
(punktsymmetrisch):
Die Diagonalen halbieren
einander.
Gegenüberliegende Winkel
sind gleich groß.
Gegenseiten sind parallel und
gleich lang.

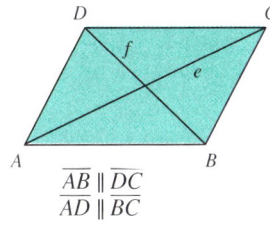

$\overline{AB} \parallel \overline{DC}$
$\overline{AD} \parallel \overline{BC}$

Drachenviereck (1 Achse):
Die Diagonalen stehen senkrecht aufeinander.
Mindestens zwei gegenüberliegende Winkel sind gleich
groß.

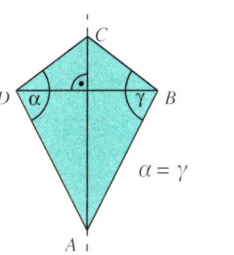

$\alpha = \gamma$

Trapez:
Ein Paar Gegenseiten ist
parallel.

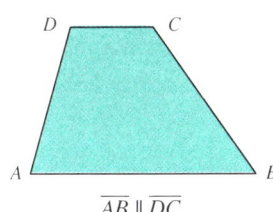

$\overline{AB} \parallel \overline{DC}$

5 Besondere Linien und Punkte im Dreieck

Die drei ***Mittelsenkrechten***
schneiden sich im Mittelpunkt
des Umkreises.

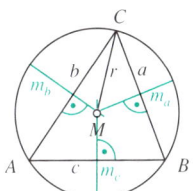

Die drei **Winkelhalbierenden** schneiden sich im Mittelpunkt des Inkreises.

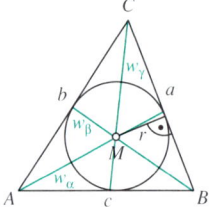

Die drei **Höhen** schneiden sich im Höhenschnittpunkt.

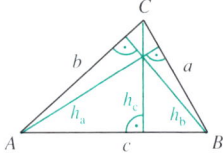

Die drei **Seitenhalbierenden** schneiden sich im **Schwerpunkt** des Dreiecks. Der Schwerpunkt S teilt die Seitenhalbierenden im Verhältnis $2:1$.

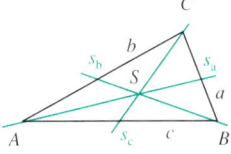

6 Sätze am rechtwinkligen Dreieck

Satz des Pythagoras

Im rechtwinkligen Dreieck ist das Quadrat über der Hypotenuse gleich der Summe der Kathetenquadrate.

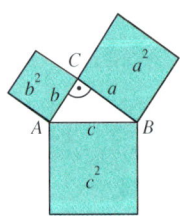

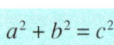

$$a^2 + b^2 = c^2$$

Kathetensätze

Im rechtwinkligen Dreieck ist das Quadrat über der Hypotenuse gleich der Summe der Hypotenuse und dem anliegenden Abschnitt.

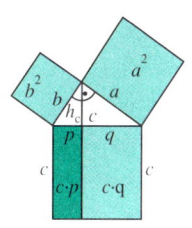

$$a^2 = q \cdot c \qquad b^2 = p \cdot c$$
$$\text{mit } p + q = c$$

Höhensatz

Das Quadrat über der Höhe ist gleich dem Rechteck aus den zwei Abschnitten, die die Höhe auf der Hypotenuse bildet.

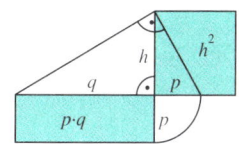

$$h^2 = p \cdot q$$

❮ Beispiele

◆ Bestimme die Längen der Diagonalen d eines Quadrates mit der Seitenlänge 3 cm.

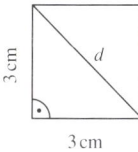

Für d gilt: $3^2 + 3^2 = d^2$

        (Satz des Pythagoras)

        $2 \cdot 3^2 = d^2$

Also: $d = 3 \cdot \sqrt{2} \approx 4{,}24$ cm

◆ Bestimme – wenn möglich – die Hypotenusenabschnitte p und q des Dreiecks mit Hilfe der Kathetensätze:

Gegeben: $a = 5$ cm; $b = 12$ cm; $c = 13$ cm

Es gilt: $5^2 + 12^2 = 25 + 144 = 169 = 13^2$, somit ist das Dreieck rechtwinklig.

Weiter gilt: $5^2 = p \cdot 13 \Leftrightarrow 25 = p \cdot 13 \Leftrightarrow p = \dfrac{25}{13}$

$$12^2 = q \cdot 13 \Leftrightarrow 144 = q \cdot 13 \Leftrightarrow q = \dfrac{144}{13};$$

$$\text{Probe: } \dfrac{25}{13} + \dfrac{144}{13} = \dfrac{169}{13} = 13 = c$$

• Konstruiere aus einem Quadrat mit der Kantenlänge 3 cm ein flächengleiches Rechteck mit der Kantenlänge 2 cm. Verwende den Höhensatz. (Die Zahlen 1 bis 5 geben die Reihenfolge der Konstruktionsschritte an.)

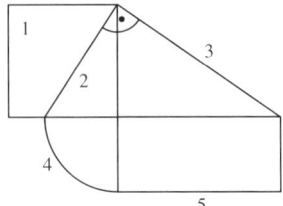

7 Berechnungen an ebenen geometrischen Figuren

Größen, die benutzt werden: **Flächeninhalt** A, **Umfang** u, Höhe h, Grundseite g, Diagonalen e, f, Radius r, Durchmesser d

Berechnungen an Dreiecken

Allgemeines Dreieck $\quad A = \dfrac{g \cdot h}{2}$

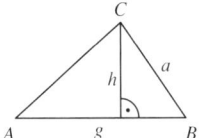

Rechtwinkliges Dreieck $\quad A = \dfrac{a \cdot b}{2}$

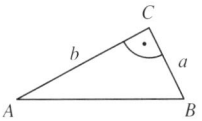

Gleichschenklig-rechtwinkliges Dreieck $\quad A = \dfrac{1}{2} \cdot a^2$

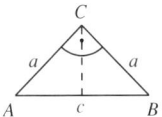

Gleichseitiges Dreieck $\quad h = \dfrac{a}{2}\sqrt{3}$

$$A = \dfrac{a^2}{4}\sqrt{3}$$

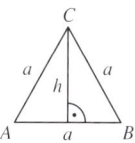

Beispiele

◆ Berechne die Fläche eines rechtwinkligen Dreiecks mit $c = 5\,\text{cm}$, $b = 4\,\text{cm}$ und $\gamma = 90°$. Da die gegebenen Seiten nicht senkrecht aufeinander stehen, berechnen wir a mit Hilfe des Satzes von Pythagoras.

$5^2 = 4^2 + a^2 \quad a^2 = 25 - 16 = 9$

$a = 3\,\text{cm} \quad a \perp b$

Also gilt: Flächeninhalt $A = \dfrac{1}{2} \cdot 3 \cdot 4 = 6$

Der Flächeninhalt beträgt $6\,\text{cm}^2$.

◆ Berechne die Fläche eines gleichseitigen Dreiecks mit Höhe $h = 5\,\text{cm}$.

Es gilt: $5 = \dfrac{a}{2}\sqrt{3} \quad a = 10 : \sqrt{3}$

Flächeninhalt $A = \dfrac{100 : 3}{4}\sqrt{3} = \dfrac{100\sqrt{3}}{12} \approx 14{,}43\,\text{cm}^2$

Berechnungen an Vierecken

Für die Flächenberechnung bedeutsam sind die symmetrischen Vierecke.

Quadrat
$\quad u = 4\,a$
$\quad A = a^2$
$\quad e = a \cdot \sqrt{2}$

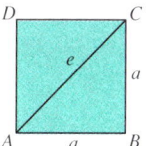

Rechteck
$\quad u = 2\,(a + b)$
$\quad A = a \cdot b$
$\quad e = \sqrt{a^2 + b^2}$

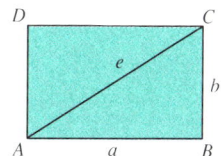

Raute	$u = 4\,a$	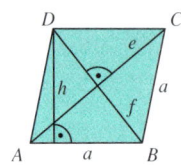
	$A = \dfrac{e \cdot f}{2}$	

Parallelogramm	$u = 2 \cdot (a + b)$	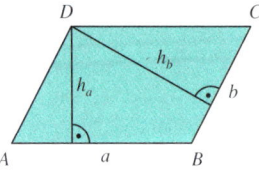
	$A = a \cdot h_a$	
	$A = b \cdot h_b$	

Trapez

$u = a + b + c + d$

$m = \dfrac{a + c}{2}$

$A = m \cdot h$

$A = \dfrac{a + c}{2} \cdot h$

Drachen

$u = 2 \cdot (a + b)$

$A = \dfrac{e \cdot f}{2}$

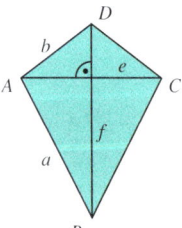

✎ Beispiele

♦ Berechne Umfang und Flächeninhalt bei einem Quadrat mit
Diagonalenlänge 6 cm.

Es gilt: $6^2 = 2\,a^2 \Leftrightarrow 36 = 2\,a^2 \Leftrightarrow 18 = a^2 \Rightarrow a = \sqrt{18}\text{ cm}$

Also: $u = 4 \cdot \sqrt{18} \approx 16,97\text{ cm}$ und $A = \sqrt{18} \cdot \sqrt{18} = 18\text{ cm}^2$

- Der Umfang eines rechteckigen Grundstücks beträgt 86 m, die Breite 15 m. Berechne die Fläche.
  Es gilt: $2(15 + b) = 86 = u$
  $30 + 2b = 86 \Leftrightarrow b = 28\,m$
  $A = 15 \cdot 28\,m^2 = 420\,m^2$
- Die Diagonalen einer Raute haben die Längen $e = 6\,cm$ und $f = 8\,cm$. Berechne Flächeninhalt und Umfang.
  $A = \frac{1}{2} \cdot 8 \cdot 6\,cm^2 = 24\,cm^2$
  a berechnen: $3^2 + 4^2 = a^2 \Leftrightarrow 25 = a^2 \Rightarrow a = 5\,cm$
  Somit: $u = 4 \cdot 5\,cm = 20\,cm$

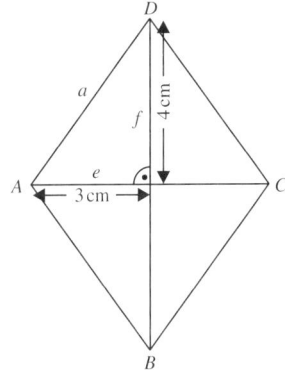

- Berechne Umfang und Fläche des gegebenen Parallelogramms.
  $A = 2 \cdot 4\,cm^2 = 8\,cm^2$
  b berechnen: $1^2 + 2^2 = b^2 \Rightarrow b = \sqrt{5}\,cm$
  $u = 2(4 + \sqrt{5})\,cm \approx 12,47\,cm$

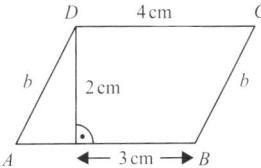

- Berechne die fehlenden Größen im gleichseitigen Trapez mit $a = 7\,\text{cm}$; $c = 5\,\text{cm}$; $h = 3,5\,\text{cm}$.

  Dann ist: $A = \dfrac{7\,\text{cm} + 5\,\text{cm}}{2} \cdot 3,5\,\text{cm} = 21\,\text{cm}^2$

  Berechnen von x: $x = \dfrac{a - c}{2} = \dfrac{7 - 5}{2}\,\text{cm} = 1\,\text{cm}$

  Berechnen von b: $1^2 + 3,5^2 = b^2 \Rightarrow b \approx 3,64\,\text{cm}$

  Also: $u = 7\,\text{cm} + 5\,\text{cm} + 2 \cdot 3,64\,\text{cm} = 19,28\,\text{cm}$

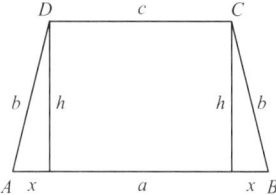

- In einem Drachen gelte $a = 5\,\text{cm}$; $b = 4\,\text{cm}$; $e = 6\,\text{cm}$. Berechne Umfang und Flächeninhalt.

  $u = 2 \cdot 5 + 2 \cdot 4 = 18\,\text{cm}$

  Berechnen von x: $x^2 + 3^2 = 4^2 \Rightarrow x = \sqrt{16 - 9} = \sqrt{7} \approx 2,65\,\text{cm}$

  Berechnen von y: $y^2 + 3^2 = 5^2 \Rightarrow y = \sqrt{25 - 9} = 4\,\text{cm}$

  Länge von f: $f = x + y = 4 + \sqrt{7} \Rightarrow f \approx 6,65\,\text{cm}$

  $A = \dfrac{6\,(4 + \sqrt{7})}{2} = 3\,(4 + \sqrt{7}) \approx 19,94\,\text{cm}^2$

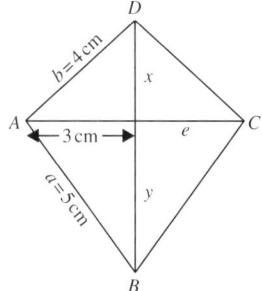

Berechnungen an Vielecken

Allgemein: Man zerlegt Vielecke in bekannte Flächen (am sinnvollsten in Dreiecke und Trapeze) und berechnet die Summe der Teilflächen.

Beispiel

◆ Wir unterteilen in Dreiecke und Trapeze und berechnen den Flächeninhalt der Teilflächen und addieren: $A = A_1 + A_2 + A_3$.

$$A_1 = \frac{1}{2} \cdot 1{,}5 \cdot 0{,}7 = 0{,}525 \text{ cm}^2 \text{ (Dreieck)}$$

$$A_2 = \frac{1}{2}((0{,}5 + 1) + (2 + 1{,}5)) \cdot 2{,}3$$

$$= \frac{1}{2}(1{,}5 + 3{,}5) \cdot 2{,}3 = \frac{1}{2} \cdot 5 \cdot 2{,}3$$

$$= 5{,}75 \text{ cm}^2 \text{ (Trapez)}$$

$$A_3 = \frac{1}{2} \cdot 2 \cdot 2 = 2 \text{ cm}^2 \text{ (rechtw. Dreieck)}$$

$$A = 0{,}525 + 5{,}75 + 2 = 8{,}275 \text{ cm}^2$$

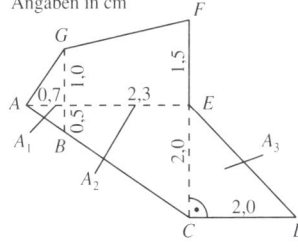

Angaben in cm

◆ *Regelmäßiges Sechseck:* Man findet 6 gleichseitige Dreiecke.

$$u = 6\,a$$

$$A = 6 \cdot \frac{a^2}{4}\sqrt{3} = \frac{3}{2}a^2\sqrt{3}$$

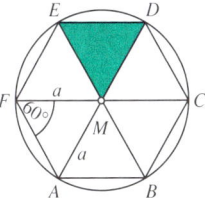

Die Länge der Diagonalen eines regelmäßigen Sechsecks beträgt 6 cm. Berechne den Flächeninhalt.

Länge der Seite a: $a = \dfrac{d}{2}$

$$A = 6 \cdot \frac{3^2}{4} \cdot \sqrt{3} = \frac{3}{2} \cdot 3^2 \cdot \sqrt{3} \approx 23,38 \text{ cm}^2$$

Berechnung an Kreisen

Kreis
$$u = 2\pi r = \pi d$$
$$A = \pi r^2 = \frac{\pi}{4} d^2$$

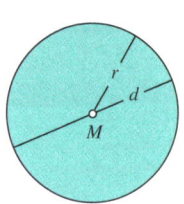

Kreisring
$$u = 2\pi(r_1 + r_2)$$
$$A = \pi(r_1^2 - r_2^2)$$

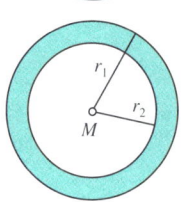

Kreisausschnitt
$$A = \frac{b \cdot r}{2}$$
$$A = \pi r^2 \cdot \frac{\alpha}{360°}$$

Kreisbogen
$$b = 2\pi r \cdot \frac{\alpha}{360°}$$

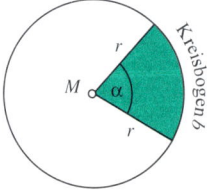

✂ **Beispiele**

◆ Mit einem 2 mm starken Kohlestift wird ein Kreis mit innerem Radius 8 cm gezeichnet. Wie groß ist die beschriebene Fläche?

$$F = \pi(8,2^2 - 8^2) = \pi(67,24 - 64) = \pi \cdot 3,24 \approx 10,18 \text{ cm}^2$$

◆ Berechne den Inhalt der schraffierten Fläche F.
Flächeninhalt eines weißen Flächenstücks A:

$$A = 3^2 - \pi \cdot 3^2 \cdot \frac{90°}{360°}$$
$$= 9 - \pi \cdot \frac{9}{4} \approx 1{,}93 \, \text{cm}^2$$
$$F \approx 9 - 2 \cdot 1{,}93 = 5{,}137 \, \text{cm}^2$$

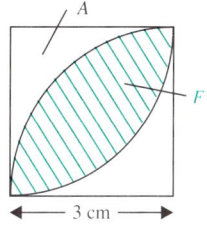

8 Berechnungen an räumlichen geometrischen Figuren (Körpern)

Größen, die benutzt werden: **Volumen** V, **Grundfläche** G, **Oberfläche** O, **Mantelfläche** M, Raumdiagonale e, Höhe h

Würfel
$$O = 6\,a^2$$
$$V = a^3$$
$$e = a \cdot \sqrt{3}$$

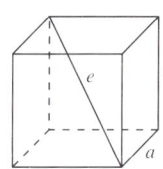

Quader
$$O = 2\,(ab + ac + bc)$$
$$V = a \cdot b \cdot c$$
$$e = \sqrt{a^2 + b^2 + c^2}$$

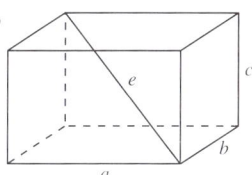

Prisma
$$O = 2 \cdot G + M$$
$$V = G \cdot h$$

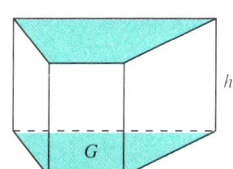

Pyramide (allgemein)

$O = G + M$

$V = \frac{1}{3} \cdot G \cdot h$

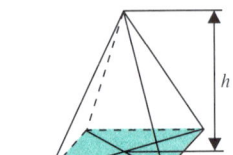

Dreiseitige Pyramide
(Grundfläche: gleich-
seitiges Dreieck)

$O = \frac{a^2}{4} \cdot \sqrt{3} + \frac{3}{2} a \cdot h_s$

$V = \frac{a^2 \cdot h}{12} \cdot \sqrt{3}$

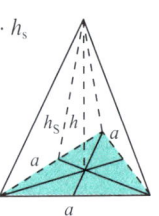

Tetraeder
(vier gleich große
Flächen)

$O = a^2 \cdot \sqrt{3}$

$V = \frac{a^3}{12} \cdot \sqrt{2}$

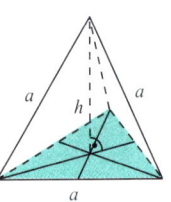

Zylinder

$O = 2 \pi r \cdot (r + h)$

$V = G \cdot h = \pi r^2 \cdot h$

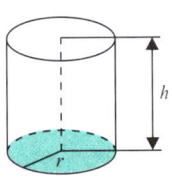

Kegel

$O = \pi r (r + s)$

$V = \frac{\pi}{3} r^2 \cdot h$

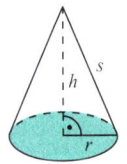

Kugel

$$O = 4\pi r^2 = \pi d^2$$
$$V = \frac{4}{3}\pi r^3 = \frac{1}{6}\pi d^3$$

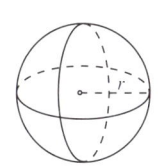

Pyramidenstumpf

$$O = G_1 + G_2 + M$$
$$V = \frac{h}{3} \cdot (G_1 + \sqrt{G_1 \cdot G_2} + G_2)$$

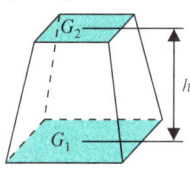

Kegelstumpf

$$O = \pi \cdot [r_1^2 + r_2^2 + s \cdot (r_1 + r_2)]$$
$$V = \frac{\pi}{3} \cdot h \cdot (r_1^2 + r_1 \cdot r_2 + r_2^2)$$

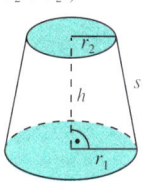

Beispiele

◆ Aus einem Würfel mit Kantenlänge $a = 10\,\text{cm}$ wird ein pyra-
midenförmiger Keil herausgestanzt. Berechne das Volumen
des Restkörpers.

$$V = 10^3 - \frac{1}{3} \cdot 10^2 \cdot 10$$
$$= \frac{2}{3} \cdot 10^3 \approx 666{,}67\,\text{cm}^3$$

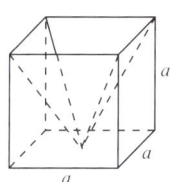

◆ Aus einem Zylinder mit Radius r und Höhe r wird ein Kegel herausgeschnitten, dessen Spitze sich im Mittelpunkt der Zylindergrundfläche befindet und dessen Grundfläche mit der Deckfläche des Zylinders übereinstimmt. Wie groß ist das Volumen V_R des Restkörpers?

$$V_Z = r^2 \pi \cdot r = r^3 \pi$$

$$V_K = \frac{r^2 \pi \cdot r}{3} = \frac{r^3 \pi}{3}$$

$$V_R = V_Z - V_K = r^3 \pi - \frac{r^3 \pi}{3} = \frac{2}{3} r^3 \pi$$

◆ Wie groß ist das Volumen des Kegelstumpfes aus vorherigem Beispiel mit der Höhe $\frac{1}{2} r$?

Radius der Deckfläche ist $\frac{1}{2} r$, somit gilt:

$$V = \frac{\pi}{3} \cdot \frac{1}{2} r \cdot \left(r^2 + r \cdot \frac{1}{2} r + \frac{1}{2} r^2 \right) = \frac{\pi}{3} \cdot \frac{1}{2} r \cdot (2 r^2)$$

$$V = \frac{\pi}{3} r^3$$

◆ Satz des Archimedes

Zeige: Die Volumina von Kegel, Halbkugel und Zylinder mit jeweils gleicher Höhe und gleicher Grundfläche verhalten sich wie folgt:

$$V_{Kegel} : V_{Halbkugel} : V_{Zylinder} = 1 : 2 : 3$$

Es gilt: $h = r$.

Also: $\dfrac{r^2 \pi \cdot r}{3} : \dfrac{2 r^3 \pi}{3} : \dfrac{r^2 \pi \cdot r}{1} = \dfrac{1}{3} : \dfrac{2}{3} : \dfrac{3}{3} = 1 : 2 : 3$

Trigonometrie

1 Winkelfunktionen zur Berechnung im rechtwinkligen Dreieck

Sinus, Kosinus, Tangens, Kotangens

In rechtwinkligen Dreiecken sind die Seitenverhältnisse nur von den Winkeln abhängig. Die Größe eines Winkels im rechtwinkligen Dreieck lässt sich daher durch Angabe eines Seitenverhältnisses *(Winkelfunktion)* festlegen.

Von den sechs Seitenverhältnissen ($a:c$; $b:c$; $a:b$; $b:a$; $c:b$; $c:a$) werden nur die ersten vier Verhältnisse benötigt.

$$\sin \alpha = \frac{a}{c} = \frac{\text{Gegenkathete}}{\text{Hypotenuse}} = \cos \beta$$

$$\cos \alpha = \frac{b}{c} = \frac{\text{Ankathete}}{\text{Hypotenuse}} = \sin \beta$$

$$\tan \alpha = \frac{a}{b} = \frac{\text{Gegenkathete}}{\text{Ankathete}} = \cot \beta$$

$$\cot \alpha = \frac{b}{a} = \frac{\text{Ankathete}}{\text{Gegenkathete}} = \tan \beta$$

(sin = Sinus;
cos = Kosinus;
tan = Tangens;
cot = Kotangens)

✂ Beispiele

◆ Berechnung der Zahlenwerte der Winkelfunktionen (Seitenverhältnisse) für die Winkel 30° und 60°:
Wir unterteilen das gleichseitige Dreieck in zwei rechtwink-
lige Dreiecke.

Pythagoras: $h = \sqrt{a^2 - \left(\dfrac{a}{2}\right)^2} = \dfrac{a}{2}\sqrt{3}$

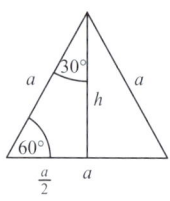

$\sin 60° = \dfrac{h}{a} = \dfrac{\dfrac{a}{2}\sqrt{3}}{a} = \dfrac{1}{2}\sqrt{3} = \cos 30°$

$\cos 60° = \dfrac{\dfrac{a}{2}}{a} = \dfrac{1}{2} = \sin 30°$

$\tan 60° = \dfrac{\dfrac{a}{2}\sqrt{3}}{\dfrac{a}{2}} = \sqrt{3} = \cot 30°$

$\cot 60° = \dfrac{1}{3}\sqrt{3} = \tan 30°$

◆ Berechnung der Zahlenwerte der Winkelfunktionen (Seitenverhältnisse) für den Winkel 45°:
Pythagoras: $c = \sqrt{a^2 + a^2} = a\sqrt{2}$

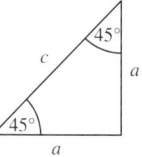

$\sin 45° = \dfrac{a}{c} = \dfrac{a}{a\sqrt{2}} = \dfrac{1}{2}\sqrt{2} = \cos 45°$

$\tan 45° = \dfrac{a}{a} = 1 = \cot 45°$

◆ Gegeben: rechtwinkliges Dreieck mit Hypotenuse $c = 8$ cm
und $\beta = 60°$.
Gesucht: Länge der Seite b.

Es gilt: $\sin\beta = \dfrac{\text{Gegenkathete}}{\text{Hypotenuse}}$

$\sin 60° = \dfrac{b}{8}$

$\qquad b = 8 \cdot \sin 60° \approx 8 \cdot 0{,}866 \approx 6{,}93$

Die Länge der Seite b beträgt ungefähr 6,93 cm.

2 Winkelmaße

Gradmaß – Altgrad

Ein Kreisbogen wird in 360 gleiche Teile unterteilt. Verbindet man zwei Punkte auf dem Kreisbogen mit dem Mittelpunkt, so entsteht ein Winkel.

Weitere Unterteilung:

1 Grad = 60 Minuten

$1° = 60'$

1 Minute = 60 Sekunden

$1' = 60''$

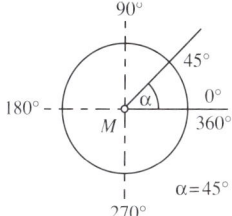

Beispiele

◆ $45{,}5° = 45°\,30'$

◆ Gib in Dezimalzahlen an: $76°\,25'$.

$25' = \left(\dfrac{25}{60}\right)° \approx 0{,}4167°$, d. h. $76°\,25' \approx 76{,}4167°$

Gradmaß – Neugrad

Bei diesem Winkelmaß wird der Kreisbogen in 400 gleiche Teile unterteilt.

1 Neugrad = 100 Neuminuten

$1^g = 100^c$

1 Neuminute = 100 Neusekunden

$1^c = 100^{cc}$

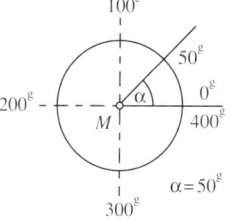

- $100^g = 90°$
- $86^g = x$. Gesucht ist das Gradmaß in Altgrad:

$$100^g : 90° = 86^g : x, \quad \text{also } x = \frac{86^g \cdot 90°}{100^g} = 77{,}4°$$

Gradmaß – Bogenmaß

Im Kreis ist die Länge des Kreisbogens b dem Mittelpunktswinkel und dem Radius proportional.

Es gilt: $\dfrac{\text{Kreisbogen}}{\text{Kreisumfang}} = \dfrac{\text{Mittelpunktswinkel}}{\text{Vollwinkel}}$.

Am Einheitskreis (Kreis mit Radius 1 LE) gilt: $\dfrac{b}{2\pi} = \dfrac{\alpha}{360°}$.

$\Rightarrow\ b = \dfrac{\alpha}{360°} \cdot 2\pi$ (b: Winkel im Bogenmaß, Radiant (rad))

$\Rightarrow\ \alpha = \dfrac{b}{2\pi} \cdot 360°$ (α: Winkel in Grad (°))

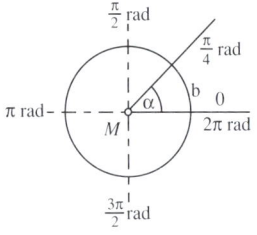

Umrechnungen:

Gradmaß	10°	15°	30°	45°	60°	90°	120°	150°	180°	270°	360°
Bogenmaß in rad	$\frac{\pi}{18}$	$\frac{\pi}{12}$	$\frac{\pi}{6}$	$\frac{\pi}{4}$	$\frac{\pi}{3}$	$\frac{\pi}{2}$	$\frac{2\pi}{3}$	$\frac{5\pi}{6}$	π	$\frac{3\pi}{2}$	2π

 **Beispiele** weiterer Umrechnungen:

- Gesucht ist das Bogenmaß zu $\alpha = 33°$.

$$b = \frac{33° \cdot \pi}{180°} \approx 0{,}1834 \cdot \pi \approx 0{,}576$$

- Gesucht ist das Gradmaß zu $b = 1{,}5$ rad.

$$\alpha = \frac{1{,}5}{\pi} \cdot 180° \approx 85{,}94°$$

3 Darstellung am Einheitskreis

Die Winkelfunktionen lassen sich im *Einheitskreis* (Kreis mit Radius 1) wie folgt veranschaulichen:

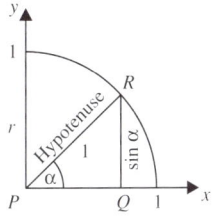 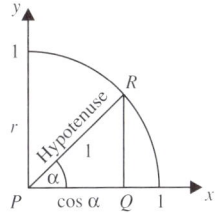

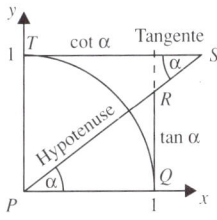

$\overline{QR} = \sin \alpha$

$\overline{PQ} = \cos \alpha$

$\overline{QR} = \tan \alpha$

$\overline{ST} = \cot \alpha$

Vorzeichen der Winkelfunktionswerte im Einheitskreis

Quadrant	Winkelgröße	Vorzeichen von:			
		$\sin \alpha$	$\cos \alpha$	$\tan \alpha$	$\cot \alpha$
I.	$0 < \alpha < 90°$	+	+	+	+
II.	$90° < \alpha < 180°$	+	−	−	−
III.	$180° < \alpha < 270°$	−	−	+	+
IV.	$270° < \alpha < 360°$	−	+	−	−

◀ Beispiele

$\sin\ 30° = +0{,}5$	$\cos\ 60° = +0{,}5$	$\tan\ 45° = +1$
$\sin 150° = +0{,}5$	$\cos 120° = -0{,}5$	$\tan 135° = -1$
$\sin 210° = -0{,}5$	$\cos 240° = -0{,}5$	$\tan 225° = +1$
$\sin 330° = -0{,}5$	$\cos 300° = +0{,}5$	$\tan 315° = -1$

Umrechnungsformeln für beliebige Winkel bei sin und cos
(Umrechnen in Winkel $0 < \alpha < 90°$)

	$-\alpha$	$90° - \alpha$	$180° - \alpha$	$180° + \alpha$
sin	$-\sin\alpha$	$+\cos\alpha$	$+\sin\alpha$	$-\sin\alpha$
cos	$+\cos\alpha$	$+\sin\alpha$	$-\cos\alpha$	$-\cos\alpha$

Beispiele
$\sin 120° = \sin(180° - 60°) = \sin 60°$
$\sin 220° = \sin(180° + 40°) = -\sin 40°$
$\cos 250° = \cos(180° + 70°) = -\cos 70°$

Besondere Werte der Winkelfunktionen

α im Bogenmaß	0	$\frac{\pi}{6}$	$\frac{\pi}{4}$	$\frac{\pi}{3}$	$\frac{\pi}{2}$
α in °	$0°$	$30°$	$45°$	$60°$	$90°$
$\sin\alpha$	0	$\frac{1}{2}$	$\frac{1}{2}\sqrt{2}$	$\frac{1}{2}\sqrt{3}$	1
$\cos\alpha$	1	$\frac{1}{2}\sqrt{3}$	$\frac{1}{2}\sqrt{2}$	$\frac{1}{2}$	0
$\tan\alpha$	0	$\frac{1}{3}\sqrt{3}$	1	$\sqrt{3}$	nicht defin.
$\cot\alpha$	nicht defin.	$\sqrt{3}$	1	$\frac{1}{3}\sqrt{3}$	0

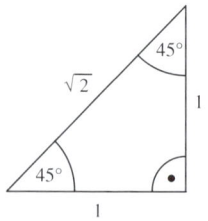
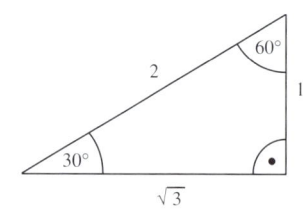

4 Beziehungen der Winkelfunktionen

$$\sin \alpha = \cos (90° - \alpha) \qquad \sin (-\alpha) = -\sin \alpha$$
$$\cos \alpha = \sin (90° - \alpha) \qquad \cos (-\alpha) = +\cos \alpha$$
$$\tan \alpha = \cot (90° - \alpha) \qquad \tan (-\alpha) = -\tan \alpha$$
$$\cot \alpha = \tan (90° - \alpha) \qquad \cot (-\alpha) = -\cot \alpha$$

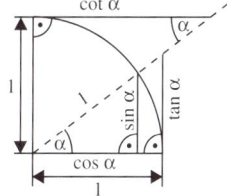

$$\sin^2 \alpha + \cos^2 \alpha = 1$$

(Satz des Pythagoras im Einheitskreis)
$$\Rightarrow \ \sin^2 \alpha = 1 - \cos^2 \alpha$$

$$\Rightarrow \ \cos^2 \alpha = 1 - \sin^2 \alpha$$

$$\tan \alpha = \frac{\sin \alpha}{\cos \alpha} \ (\alpha \neq 90°) \qquad \tan \alpha = \frac{1}{\cot \alpha}$$
$$(\alpha \neq 0°; \ \alpha \neq 90°)$$

$$\Rightarrow \ \sin \alpha = \tan \alpha \cdot \cos \alpha \ (\alpha \neq 90°) \qquad \Rightarrow \ \cot \alpha = \frac{1}{\tan \alpha}$$
$$(\alpha \neq 0°; \ \alpha \neq 90°)$$

$$\Rightarrow \ \cos \alpha = \frac{\sin \alpha}{\tan \alpha} \qquad (\alpha \neq 90°) \qquad \Rightarrow \ \tan \alpha \cdot \cot \alpha = 1$$
$$(\alpha \neq 0°; \ \alpha \neq 90°)$$

$$\Rightarrow \ \cot \alpha = \frac{\cos \alpha}{\sin \alpha} \qquad (\alpha \neq 90°)$$

Alle vier Winkelfunktionen lassen sich mit Hilfe einer anderen Winkelfunktion ausdrücken. Man benötigt diese ***Umrechnungsformeln*** vielfach zur Lösung trigonometrischer Gleichungen.

Gesucht: \ Gegeben:	$\sin \alpha$	$\cos \alpha$	$\tan \alpha$	$\cot \alpha$
$\sin \alpha$	–	$\sqrt{1 - \cos^2 \alpha}$	$\dfrac{\tan \alpha}{\sqrt{1 + \tan^2 \alpha}}$	$\dfrac{1}{\sqrt{1 + \cot^2 \alpha}}$
$\cos \alpha$	$\sqrt{1 - \sin^2 \alpha}$	–	$\dfrac{1}{\sqrt{1 + \tan^2 \alpha}}$	$\dfrac{\cot \alpha}{\sqrt{1 + \cot^2 \alpha}}$
$\tan \alpha$	$\dfrac{\sin \alpha}{\sqrt{1 - \sin^2 \alpha}}$	$\dfrac{\sqrt{1 - \cos^2 \alpha}}{\cos \alpha}$	–	$\dfrac{1}{\cot \alpha}$
$\cot \alpha$	$\dfrac{\sqrt{1 - \sin^2 \alpha}}{\sin \alpha}$	$\dfrac{\cos \alpha}{\sqrt{1 - \cos^2 \alpha}}$	$\dfrac{1}{\tan \alpha}$	–

Beispiel

Wir leiten $\tan \alpha = \dfrac{\sin \alpha}{\sqrt{1 - \sin^2 \alpha}}$ her.

Es gilt: $\tan \alpha = \dfrac{\sin \alpha}{\cos \alpha} = \dfrac{\sin \alpha}{\sqrt{1 - \sin^2 \alpha}}$.

5 Additionstheoreme

5.1 Winkelfunktionen bei Summe und Differenz zweier Winkel

$\sin (\alpha + \beta) =$
$\sin \alpha \cdot \cos \beta + \cos \alpha \cdot \sin \beta$

$\sin (\alpha - \beta) =$
$\sin \alpha \cdot \cos \beta - \cos \alpha \cdot \sin \beta$

$\cos (\alpha + \beta) =$
$\cos \alpha \cdot \cos \beta - \sin \alpha \cdot \sin \beta$

$\cos (\alpha - \beta) =$
$\cos \alpha \cdot \cos \beta + \sin \alpha \cdot \sin \beta$

$\tan (\alpha + \beta) = \dfrac{\tan \alpha + \tan \beta}{1 - \tan \alpha \cdot \tan \beta}$

$\tan (\alpha - \beta) = \dfrac{\tan \alpha - \tan \beta}{1 + \tan \alpha \cdot \tan \beta}$

$\cot (\alpha + \beta) = \dfrac{\cot \alpha \cdot \cot \beta - 1}{\cot \beta + \cot \alpha}$

$\cot (\alpha - \beta) = \dfrac{\cot \alpha \cdot \cot \beta + 1}{\cot \beta - \cot \alpha}$

$\sin (\alpha + \beta) \cdot \sin (\alpha - \beta)$
$\quad = \cos^2 \beta - \cos^2 \alpha$
$\quad = \sin^2 \alpha - \sin^2 \beta$

$\cos (\alpha + \beta) \cdot \cos (\alpha - \beta)$
$\quad = \cos^2 \beta - \sin^2 \alpha$
$\quad = \cos^2 \alpha - \sin^2 \beta$

◆ Berechne cos 75° durch Addition bekannter Winkelmaße.

$\cos 75° = \cos(30° + 45°) = \cos 30° \cdot \cos 45° - \sin 30° \cdot \sin 45°$

$$= \frac{1}{2} \cdot \sqrt{3} \cdot \frac{1}{2} \cdot \sqrt{2} - \frac{1}{2} \cdot \frac{1}{2} \cdot \sqrt{2}$$

$$= \frac{1}{4} \cdot \sqrt{3} \cdot \sqrt{2} - \frac{1}{4} \cdot \sqrt{2}$$

$$= \frac{1}{4} \cdot \sqrt{2} \cdot (\sqrt{3} - 1)$$

◆ Wir bestimmen $\sin 2x$ mit Hilfe der Additionstheoreme (Spezialfall $\alpha = \beta = x$).

$\sin 2x = \sin(x + x) = \sin x \cdot \cos x + \cos x \cdot \sin x$

$\qquad\qquad\qquad = \sin x \cdot \cos x + \sin x \cdot \cos x$

$\qquad\qquad\qquad = 2 \cdot \sin x \cdot \cos x$

.2 Weitere Beziehungen zwischen den Winkelfunktionen

Summen und Differenzen

$$\sin \alpha + \sin \beta = 2 \cdot \sin \frac{\alpha + \beta}{2} \cdot \cos \frac{\alpha - \beta}{2}$$

$$\sin \alpha - \sin \beta = 2 \cdot \cos \frac{\alpha + \beta}{2} \cdot \sin \frac{\alpha - \beta}{2}$$

$$\cos \alpha + \cos \beta = 2 \cdot \cos \frac{\alpha + \beta}{2} \cdot \cos \frac{\alpha - \beta}{2}$$

$$\cos \alpha - \cos \beta = 2 \cdot \sin \frac{\alpha + \beta}{2} \cdot \sin \frac{\alpha - \beta}{2}$$

$$\tan \alpha + \tan \beta = \frac{\sin(\alpha + \beta)}{\cos \alpha \cdot \cos \beta}$$

$$\tan \alpha - \tan \beta = \frac{\sin(\alpha - \beta)}{\cos \alpha \cdot \cos \beta}$$

◄ **Beispiel**

$$\frac{\sin \alpha + \sin \beta}{\cos \alpha - \cos \beta} = \frac{2 \cdot \sin \frac{\alpha + \beta}{2} \cdot \cos \frac{\alpha - \beta}{2}}{2 \cdot \sin \frac{\alpha + \beta}{2} \cdot \sin \frac{\alpha - \beta}{2}}$$

$$= \frac{\cos \frac{\alpha - \beta}{2}}{\sin \frac{\alpha - \beta}{2}} = \cot \frac{\alpha - \beta}{2}$$

Vielfache

Mit Hilfe der Additionstheoreme können die Funktionen von Vielfachen eines Winkels bestimmt werden.

$$\sin(2\,\alpha) = 2 \cdot \sin\alpha \cdot \cos\alpha \qquad\qquad \cos(2\,\alpha) = \cos^2\alpha - \sin^2\alpha$$
$$= 2\cos^2\alpha - 1$$
$$= 1 - 2 \cdot \sin^2\alpha$$

$$\tan(2\,\alpha) = \frac{2 \cdot \tan\alpha}{1 - \tan^2\alpha} \qquad\qquad \cot(2\,\alpha) = \frac{\cot^2\alpha - 1}{2 \cdot \cot\alpha}$$

✄ Beispiel

Wir vereinfachen den Term $\cos(2\,\alpha) + \sin^2\alpha$:
$$\cos(2\,\alpha) + \sin^2\alpha = \cos^2\alpha - \sin^2\alpha + \sin^2\alpha = \cos^2\alpha$$

Halbes Winkelmaß

$$\sin\frac{\alpha}{2} = \sqrt{\frac{1 - \cos\alpha}{2}}; \quad \cos\frac{\alpha}{2} = \sqrt{\frac{1 + \cos\alpha}{2}}; \quad \tan\frac{\alpha}{2} = \sqrt{\frac{1 - \cos\alpha}{1 + \cos\alpha}}$$

✄ Beispiel

Wir beweisen mit $\alpha = 2 \cdot \frac{\alpha}{2}$ und obiger Sätze die Geltung der Formel für $\sin\frac{\alpha}{2}$.

$$\sqrt{\frac{1 - \cos\alpha}{2}} = \sqrt{\frac{1 - \cos\left(2 \cdot \frac{\alpha}{2}\right)}{2}} = \sqrt{\frac{1 - \cos\left(\frac{\alpha}{2} + \frac{\alpha}{2}\right)}{2}}$$

$$= \sqrt{\frac{1 - \left(1 - 2\sin^2\left(\frac{\alpha}{2}\right)\right)}{2}} = \sqrt{\frac{2\sin^2\left(\frac{\alpha}{2}\right)}{2}}$$

$$= \sqrt{\sin^2\frac{\alpha}{2}} = \sin\frac{\alpha}{2}$$

Produkte

$$\sin\alpha \cdot \sin\beta = \frac{1}{2}\left[\cos(\alpha - \beta) - \cos(\alpha + \beta)\right]$$

$$\cos\alpha \cdot \cos\beta = \frac{1}{2}\left[\cos(\alpha - \beta) + \cos(\alpha + \beta)\right]$$

$$\tan\alpha \cdot \tan\beta = \frac{\tan\alpha + \tan\beta}{\cot\alpha + \cot\beta}$$

◀ **Beispiel**

Mit $\cos 15° = \frac{1}{4} \cdot \sqrt{2}\,(\sqrt{3} + 1)$, gewonnen z. B. aus

$\cos(60° - 45°)$, und $\cos 75° = \frac{1}{4} \cdot \sqrt{2}\,(\sqrt{3} - 1)$, vgl. oben, berechnen wir

das Produkt $\sin 45° \cdot \sin 30°$.

$$\sin 45° \cdot \sin 30° = \frac{1}{2}\,(\cos 15° - \cos 75°)$$

$$= \frac{1}{2}\left[\frac{1}{4}\,\sqrt{2}\,(\sqrt{3} + 1) - \left(\frac{1}{4}\,\sqrt{2}\,(\sqrt{3} - 1)\right)\right]$$

$$= \frac{1}{8}\,(\sqrt{6} + \sqrt{2} - \sqrt{6} + \sqrt{2}) = \frac{1}{8}\,(2\,\sqrt{2}) = \frac{1}{4} \cdot \sqrt{2}$$

6 Berechnungen mit Winkelfunktionen am schiefwinkligen Dreieck

6.1 Sinussatz

✦ In einem beliebigen Dreieck gilt: Die Längen zweier Seiten verhalten sich zueinander wie die Sinuswerte ihrer Gegenwinkel.

$$\frac{a}{b} = \frac{\sin \alpha}{\sin \beta} \qquad \frac{a}{c} = \frac{\sin \alpha}{\sin \gamma} \qquad \frac{b}{c} = \frac{\sin \beta}{\sin \gamma}$$

Durch Umstellung findet man u. a. folgende Formeln:

$$a = \frac{b \cdot \sin \alpha}{\sin \beta} = \frac{c \cdot \sin \alpha}{\sin \gamma}$$

$$\sin \alpha = \frac{a \cdot \sin \beta}{b} = \frac{a \cdot \sin \gamma}{c}$$

Für den **Umkreisdurchmesser** gilt: $\dfrac{a}{\sin \alpha} = \dfrac{b}{\sin \beta} = \dfrac{c}{\sin \gamma} = 2\,r$.

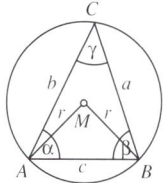

Flächeninhalt beliebiger Dreiecke

In jedem Dreieck lässt sich die Fläche wie folgt bestimmen:

$$A = \frac{a \cdot b}{2} \cdot \sin \gamma \qquad A = \frac{a \cdot c}{2} \cdot \sin \beta \qquad A = \frac{b \cdot c}{2} \cdot \sin \alpha$$

$$A = 2\,r^2 \sin \alpha \cdot \sin \beta \cdot \sin \gamma; \quad r \ldots \text{Umkreisradius}$$

Höhen

$$h_a = b \cdot \sin \gamma = c \cdot \sin \beta$$
$$h_b = a \cdot \sin \gamma = c \cdot \sin \beta$$
$$h_c = b \cdot \sin \alpha = a \cdot \sin \gamma$$

6.2 Kosinussatz

In einem beliebigen Dreieck gilt: Das Quadrat einer Seite ist gleich der Summe der Quadrate der beiden anderen Seiten, vermindert um das doppelte Produkt aus beiden Seiten und dem Kosinus des eingeschlossenen Winkels.

$$a^2 = b^2 + c^2 - 2\,b \cdot c \cdot \cos \alpha$$
$$b^2 = a^2 + c^2 - 2\,a \cdot c \cdot \cos \beta$$
$$c^2 = a^2 + b^2 - 2\,a \cdot b \cdot \cos \gamma$$

Sonderfall: $\gamma = 90°$
$c^2 = a^2 + b^2$ (Satz des Pythagoras)

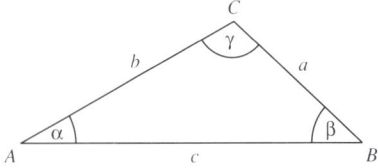

Durch Umstellen ergeben sich u. a. folgende Formeln:

$$a = \sqrt{b^2 + c^2 - 2\,b\,c \cdot \cos \alpha}$$

$$\cos \alpha = \frac{b^2 + c^2 - a^2}{2\,b\,c}$$

3 Beispiele zur Anwendung von Sinus- und Kosinussatz

Vier Hauptfälle der Dreiecksberechnung

Wir haben diese schon im Kapitel *Kongruenzsätze* kennengelernt. Sie werden benannt nach den gegebenen Größen:

1. 3 Seiten
   sss (Ansatz zur Lösung: Kosinussatz)
2. 2 Seiten und der eingeschlossene Winkel
   sws (Ansatz zur Lösung: Kosinussatz)
3. 1 Seite und 2 anliegende Winkel
   wsw (Ansatz zur Lösung: Sinussatz)
4. 2 Seiten und ein anliegender Winkel
   ssw (Ansatz zur Lösung: Sinussatz)

Die Fälle 1 bis 3 liefern stets eindeutige Ergebnisse, in Fall 4 muss man eine Fallunterscheidung treffen (↗ S. 68 ff.).

♦ Zu 1. sss

Gegeben: $a = 3\,\mathrm{cm}$, $b = 4\,\mathrm{cm}$, $c = 5\,\mathrm{cm}$

Gesucht: α, β, γ

Ansatz zur Lösung mit Kosinussatz:

$$(1) \quad \cos\alpha = \frac{4^2 + 5^2 - 3^2}{2 \cdot 4 \cdot 5} = 0{,}8$$
$$\alpha \approx 36{,}87°$$

Weiter mit Kosinussatz oder auch Sinussatz:

$$(2) \quad \sin\beta = \frac{4 \cdot \sin 36{,}87°}{3} = 0{,}8$$
$$\beta \approx 53{,}13°$$

$$(3) \quad \sin\gamma = \frac{5 \cdot \sin 36{,}87°}{3} = 1$$
$$\gamma = 90°$$

Probe: $\alpha + \beta + \gamma = 36{,}87° + 53{,}13° + 90° = 180°$

Es wird einsichtig: Durch Zeichnung gewonnene (konstruierbare) Dreiecke sind auch berechenbar.

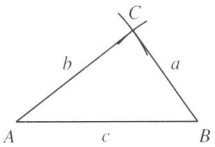

♦ Zu 2. sws

Gegeben: $a = 6\,\text{cm}$, $b = 3\,\text{cm}$, $\gamma = 25°$

Gesucht: c, α, β

Ansatz zur Lösung mit Kosinussatz:

(1) $c = \sqrt{6^2 + 3^2 - 2 \cdot 6 \cdot 3 \cdot \cos 25°}$

    $c \approx 3{,}52\,\text{cm}$

Weiter mit Sinussatz:

(2) $\sin(180° - \alpha) = \dfrac{6 \cdot \sin 25°}{3{,}52} \approx 0{,}72$

    $180° - \alpha \approx 46{,}1°$

    $\alpha \approx 133{,}9°$

(3) $\sin\beta = \dfrac{3 \cdot \sin 25°}{3{,}52} \approx 0{,}36$

    $\beta \approx 21{,}1°$

Probe: $\alpha + \beta + \gamma = 133{,}9° + 21{,}1° + 25° = 180°$

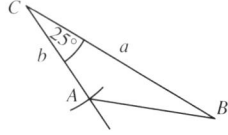

♦ Zu 3. wsw

Gegeben: $a = 7\,\text{cm}$, $\beta = 35°$, $\gamma = 62°$

Gesucht: α, b, c

Ansatz zur Lösung mit Sinussatz:

(1) $\alpha = 180° - 35° - 62° = 83°$

(2) $b = \dfrac{7 \cdot \sin 35°}{\sin 83°} \approx 4{,}05\,\text{cm}$

(3) $c = \dfrac{7 \cdot \sin 62°}{\sin 83°} \approx 6{,}23\,\text{cm}$

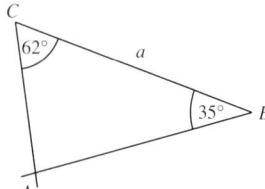

◆ Zu 4. ssw

Gegeben: z. B. b, c, β

Gesucht: a, α, γ

Ansatz zur Lösung mit Sinussatz:

(1) $\sin \gamma = \dfrac{c \cdot \sin \beta}{b}$

Fallunterscheidung

1. Fall: $\sin \gamma > 1$: Es existiert kein Dreieck mit den gegebenen Größen.
2. Fall: $\sin \gamma = 1$: Das gesuchte Dreieck ist rechtwinklig.
3. Fall: $\sin \gamma < 1$: Hierbei können zwei verschiedene Fälle auftreten:

   a) Der gegebene Winkel liegt gegenüber der größeren der gegebenen Seiten: Es existiert ein solches Dreieck!

   b) Der gegebene Winkel liegt gegenüber der kleineren der gegebenen Seiten: Es existieren zwei solcher Dreiecke.

(2) $\alpha = 180° - (\beta + \gamma)$

(3) $a = \dfrac{b \cdot \sin \alpha}{\sin \beta}$

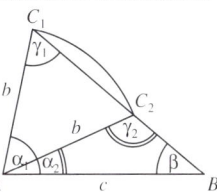

7 Zur Auflösung trigonometrischer Gleichungen

◣ Beispiel

$4 - 2 \cdot \cos x = 8 - 7 \cdot \cos x$ $|-4 + 7 \cdot \cos x$ Da $\cos x$ als ein-
$\qquad 5 \cdot \cos x = 4$ $\qquad\qquad |:5$ zige Winkelfunk-
$\qquad\qquad \cos x = \dfrac{4}{5}$ tion vorkommt, lösen wir nach
$\qquad\qquad x_1 \approx 36{,}87°$ $\cos x$ und dann
$\qquad\qquad x_2 \approx 360° - 36{,}87° = 323{,}13°$ nach x auf.

Treten in einer Gleichung verschiedene Winkelfunktionen auf, so muss man die Gleichung umformen:

1. Alle Funktionen auf sin und cos bringen.

   (sin α bzw. sin x, cos α bzw. cos x)

2. Funktionen verschiedener Winkel zu Funktionen gleicher Winkel machen.
3. Alle Winkelfunktionen auf eine zurückführen.
4. Wurzelausdrücke beseitigen.

✖ Beispiele

◆
$$\sin(x - \alpha) = \cos(x + \alpha)$$
$$\sin x \cos \alpha - \cos x \sin \alpha = \cos x \cos \alpha - \sin x \sin \alpha$$
$$\sin x (\cos \alpha + \sin \alpha) = \cos x (\cos \alpha + \sin \alpha)$$
$$\frac{\sin x}{\cos x} = 1$$
$$\tan x = 1 \implies x_1 = 45°; \; x_2 = 180° + 45°$$
$$= 225°$$
$$\mathbb{L} = \{45°; 225°\}$$

◆
$$\sin x = 1 + \cos x$$
$$\sqrt{1 - \cos^2 x} = 1 + \cos x \quad | \; (\;)^2$$
$$1 - \cos^2 x = 1 + 2 \cdot \cos x + \cos^2 x$$
$$-2 \cos^2 x - 2 \cos x = 0$$
$$\cos^2 x + \cos x = 0$$
$$\cos x (\cos x + 1) = 0$$
1. Fall: $\quad \cos x = 0 \implies x_1 = 90°; x_2 = 270°$
2. Fall: $\quad \cos x + 1 = 0$
$$\cos x = -1 \implies x_3 = 180°$$
$$\mathbb{L} = \{90°; 180°; 270°\}$$

◆
$$2 \sin^2 x + 3 \sin x = 2$$
$$\sin^2 x + 1{,}5 \sin x - 1 = 0 \qquad \text{Substitution: } \sin x = z$$
$$z^2 + 1{,}5 z - 1 = 0$$
$$z_{1/2} = -\frac{3}{4} \pm \sqrt{\left(\frac{3}{4}\right)^2 + 1}$$
$$z_{1/2} = -\frac{3}{4} \pm \sqrt{\frac{9}{16} + \frac{16}{16}}$$
$$z_{1/2} = -\frac{3}{4} \pm \frac{5}{4}$$
$$z_1 = 0{,}5 \qquad \sin x_1 = 0{,}5$$
$$x_1 = 30°; \; x_2 = 180° - 30° = 150°$$
$$z_2 = -2 \qquad \sin x_3 = -2 \text{ (nicht lösbar)}$$
$$\mathbb{L} = \{30°; 150°\}$$

Vektoren

1 Definition und Bezeichnungen

Die Menge aller gleich langen, parallelen und gleich gerichteten Pfeile heißt ***Vektor***.

Jeder dieser Pfeile ist ein ***Repräsentant*** des Vektors.

Der Repräsentant mit dem Fuß im Ursprung heißt ***Ortsvektor***. In diesem Fall gibt der Punkt an der Spitze auch die Komponenten des Ortsvektors an. (↗ Spaltenschreibweise, S. 10 u. S. 106)

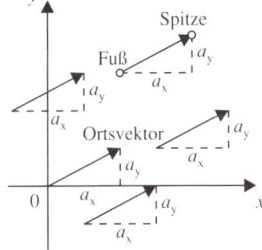

Bezeichnungen von Vektoren

$\vec{a}, \vec{b}, \vec{c}, \ldots$ bezeichnen verschiedene Vektoren.

Die Angabe eines Vektors kann auch mit Hilfe von Fußpunkt und Spitze erfolgen: $\vec{a} = \overrightarrow{P_1 P_2} = -\overrightarrow{P_2 P_1}$.

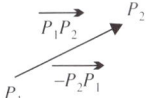

Spaltenschreibweise

Vektoren im Koordinatensystem werden in **Spaltenschreibweise** (**Koordinatendarstellung**) angegeben.

$\vec{a} = \begin{pmatrix} a_x \\ a_y \end{pmatrix}$ a_x bezeichnet die x-**Koordinate** des Vektors $\vec{a}$.

           a_y bezeichnet die y-**Koordinate** des Vektors $\vec{a}$.

Beispiel

$\vec{a} = \begin{pmatrix} 3 \\ 2 \end{pmatrix}$ 3 ist x-Koordinate
           2 ist y-Koordinate

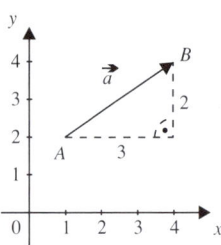

Die Spaltenschreibweise dient zur Unterscheidung von Vektor und Punkt: Ein **Punkt** ist eindeutig festgelegt, während sich ein **Vektor** an unendlich vielen Stellen befinden kann.

Berechnung der Vektorkoordinaten

Ein Vektor $\vec{a} = \overrightarrow{AB}$ hat seinen **Fußpunkt** in $A\,(x_1;\,y_1)$, seine Spitze in $B\,(x_2;\,y_2)$. Seine Koordinaten berechnen sich wie folgt:

$\vec{a} = \begin{pmatrix} x_2 - x_1 \\ y_2 - y_1 \end{pmatrix}$

Beispiel

$A\,(1;\,2),\ B\,(4;\,4)$

$\vec{a} = \overrightarrow{AB} = \begin{pmatrix} 4 - 1 \\ 4 - 2 \end{pmatrix} = \begin{pmatrix} 3 \\ 2 \end{pmatrix}$

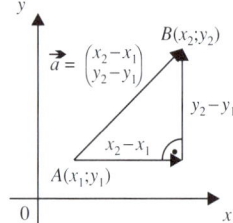

2 Betrag eines Vektors; spezielle Vektoren

Betrag von a

$$|\vec{a}| = \sqrt{a_x^2 + a_y^2}$$

Beispiel

$$\vec{a} = \binom{3}{2}$$

$$|\vec{a}| = \sqrt{3^2 + 2^2} = \sqrt{13}$$

Länge einer Strecke $\overline{AB}$

$A(x_1; y_1)$ $B(x_2; y_2)$

$$\overline{AB} = |\overrightarrow{AB}| = |\vec{b} - \vec{a}| = \sqrt{(x_2 - x_1)^2 + (y_2 - y_1)^2}$$

Beispiel

$P(1; 2); Q(4; 4)$

$$|\vec{a}| = |\overrightarrow{PQ}| = \left| \binom{4}{4} - \binom{1}{2} \right| = \sqrt{(4-1)^2 + (4-2)^2} = \sqrt{3^2 + 2^2} = \sqrt{13}$$

Mittelpunkt M einer Strecke $\overline{AB}$

$M(x_m; y_m)$ mit $x_m = \dfrac{x_1 + x_2}{2}$ und $y_m = \dfrac{y_1 + y_2}{2}$ (↗ S. 44)

Beispiel

Mittelpunkt von P und Q: $M\left(\dfrac{1+4}{2}; \dfrac{2+4}{2} \right) = M(2{,}5; 3)$

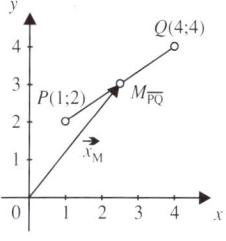

Ortsvektor zum Mittelpunkt:

$$\vec{x}_M = \frac{1}{2}(\vec{a} \oplus \vec{b}) = \frac{1}{2} \cdot \binom{x_1 + x_2}{y_1 + y_2};$$

$$\vec{x}_M = \frac{1}{2} \cdot \binom{1+4}{2+4} = \binom{2{,}5}{3}$$

Einheitsvektor

Der *Einheitsvektor* $\vec{a}_0$ ist der zu einem Vektor $\vec{a}$ gehörige
Vektor mit der Länge 1 LE.
in Richtung $\vec{a}$: $\vec{a}_0$ mit $|\vec{a}_0| = 1$; $\vec{a} = a \cdot \vec{a}_0$

$$\vec{a}_0 = \frac{\vec{a}}{a}$$

Beispiel

$$\vec{a} = \begin{pmatrix} 3 \\ 2 \end{pmatrix}; \quad \vec{a}_0 = \frac{1}{\sqrt{13}} \begin{pmatrix} 3 \\ 2 \end{pmatrix}$$

$$= \begin{pmatrix} \dfrac{3}{\sqrt{13}} \\ \dfrac{2}{\sqrt{13}} \end{pmatrix} \approx \begin{pmatrix} 0{,}83 \\ 0{,}55 \end{pmatrix}$$

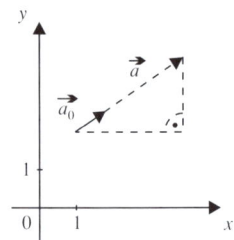

in Richtung x-Achse: $\vec{e}_1$ Einheitsvektor $\vec{e}_1 = \begin{pmatrix} 1 \\ 0 \end{pmatrix}$

in Richtung y-Achse: $\vec{e}_2$ Einheitsvektor $\vec{e}_2 = \begin{pmatrix} 0 \\ 1 \end{pmatrix}$

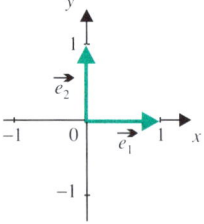

Nullvektor

Vektor mit Länge 0 und unbestimmter Richtung; $\vec{0}$ mit $|\vec{0}| = 0$

3 Verknüpfung von Vektoren

3.1 Addition und Subtraktion

Addition

$$\vec{a} \oplus \vec{b} = \vec{c}$$
$$\begin{pmatrix} a_x \\ a_y \end{pmatrix} \oplus \begin{pmatrix} b_x \\ b_y \end{pmatrix} = \begin{pmatrix} a_x + b_x \\ a_y + b_y \end{pmatrix}$$

Der Summenvektor $\vec{c}$ ist die Diagonale im Parallelogramm, das aus den Vektoren $\vec{a}$ und $\vec{b}$ gebildet werden kann.

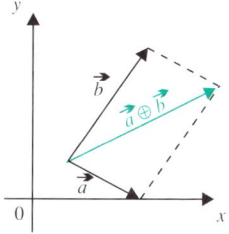

◀ Beispiele

◆ Ein Frachter wird von 2 Schleppern S_1 und S_2 unterschiedlicher Kraft gezogen. Die beiden äußeren Pfeile bezeichnen die jeweilige Kraft eines Schleppers. Die Diagonale im so genannten „Kräfteparallelogramm" gibt zum einen die Richtung an, in der der Frachter gezogen wird, und zum anderen die Kraft (Vektorlänge), mit der er gezogen wird.

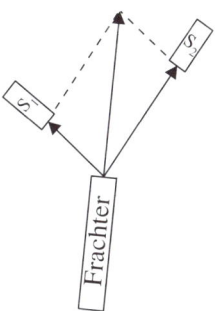

◆ $\vec{a} = \begin{pmatrix} 2 \\ -1 \end{pmatrix}$; $\vec{b} = \begin{pmatrix} 2 \\ 3 \end{pmatrix}$: $\quad \vec{a} \oplus \vec{b} = \begin{pmatrix} 2 + 2 \\ -1 + 3 \end{pmatrix} = \begin{pmatrix} 4 \\ 2 \end{pmatrix}$

Subtraktion

$$\vec{a} - \vec{b} = \vec{a} \oplus (-\vec{b}) = \vec{d}$$

$$\begin{pmatrix} a_x \\ a_y \end{pmatrix} - \begin{pmatrix} b_x \\ b_y \end{pmatrix} = \begin{pmatrix} a_x - b_x \\ a_y - b_y \end{pmatrix}$$

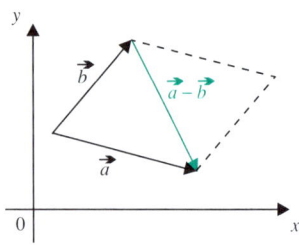

✖ Beispiel

$$\vec{a} = \begin{pmatrix} 4 \\ -2 \end{pmatrix}; \quad \vec{b} = \begin{pmatrix} 3 \\ 2 \end{pmatrix}: \quad \vec{a} - \vec{b} = \begin{pmatrix} 4 - 3 \\ -2 - 2 \end{pmatrix} = \begin{pmatrix} 1 \\ -4 \end{pmatrix}$$

3.2 *S*-Multiplikation

Hierbei wird ein Vektor mit einer reellen Zahl k (**Skalar**) multipliziert.

$$k \cdot \vec{a} = k \cdot \begin{pmatrix} a_x \\ a_y \end{pmatrix} = \begin{pmatrix} k \cdot a_x \\ k \cdot a_y \end{pmatrix}; \quad k \in \mathbb{R} \setminus \{0\}$$

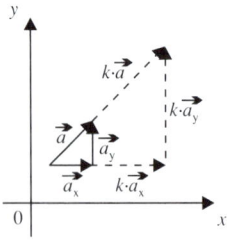

Der Vektor $k \cdot a$ ist durch **z*entrische Streckung*** (↗ S. 68) mit dem ***Streckfaktor*** k aus dem Vektor a hervorgegangen.

◄ **Beispiel**

$\vec{a} = \begin{pmatrix} 2 \\ 1 \end{pmatrix}$; $\ 3 \cdot \vec{a} = 3 \cdot \begin{pmatrix} 2 \\ 1 \end{pmatrix} = \begin{pmatrix} 6 \\ 3 \end{pmatrix}$

Sonderfall: $(-1) \cdot \vec{a}$ heißt ***Gegenvektor*** zum Vektor $\vec{a}$.

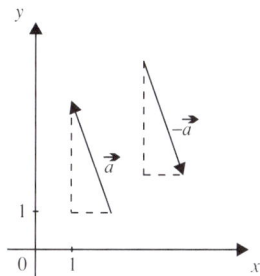

◄ **Beispiel**

$\vec{a} = \begin{pmatrix} -1 \\ 3 \end{pmatrix}$ $\quad$ Gegenvektor: $(-1) \cdot \vec{a} = (-1) \cdot \begin{pmatrix} -1 \\ 3 \end{pmatrix} = \begin{pmatrix} 1 \\ -3 \end{pmatrix}$

.3 Rechengesetze der Vektoraddition und *S*-Multiplikation

Kommutativgesetz:

Vektoraddition: $\quad \vec{a} \oplus \vec{b} = \vec{b} \oplus \vec{a}$

$$\begin{pmatrix} 3 \\ 7 \end{pmatrix} \oplus \begin{pmatrix} -1 \\ 5 \end{pmatrix} = \begin{pmatrix} -1 \\ 5 \end{pmatrix} \oplus \begin{pmatrix} 3 \\ 7 \end{pmatrix} = \begin{pmatrix} 2 \\ 12 \end{pmatrix}$$

Assoziativgesetz:

Vektoraddition: $\quad (\vec{a} \oplus \vec{b}) \oplus \vec{c} = \vec{a} \oplus (\vec{b} \oplus \vec{c})$

$$\left(\begin{pmatrix} -1 \\ -2 \end{pmatrix} \oplus \begin{pmatrix} 1 \\ 3 \end{pmatrix} \right) \oplus \begin{pmatrix} 2 \\ 5 \end{pmatrix} = \begin{pmatrix} 0 \\ 1 \end{pmatrix} \oplus \begin{pmatrix} 2 \\ 5 \end{pmatrix} = \begin{pmatrix} 2 \\ 6 \end{pmatrix}$$

$$= \begin{pmatrix} -1 \\ -2 \end{pmatrix} \oplus \left(\begin{pmatrix} 1 \\ 3 \end{pmatrix} \oplus \begin{pmatrix} 2 \\ 5 \end{pmatrix} \right) = \begin{pmatrix} -1 \\ -2 \end{pmatrix} \oplus \begin{pmatrix} 3 \\ 8 \end{pmatrix} = \begin{pmatrix} 2 \\ 6 \end{pmatrix}$$

S-Multiplikation: $\quad (k \cdot m) \cdot \vec{a} = k \cdot (m \cdot \vec{a})$

$$(2 \cdot 5) \cdot \begin{pmatrix} 1 \\ 0 \end{pmatrix} = 2 \cdot \left(5 \cdot \begin{pmatrix} 1 \\ 0 \end{pmatrix} \right) = \begin{pmatrix} 10 \\ 0 \end{pmatrix}$$

Distributivgesetze:

S-Multiplikation: $\quad k \cdot (\vec{a} \oplus \vec{b}) = k \cdot \vec{a} \oplus k \cdot \vec{b}$

$$2 \cdot \left(\binom{1}{1} \oplus \binom{-1}{3} \right) = 2 \cdot \binom{1}{1} \oplus 2 \cdot \binom{-1}{3}$$

$$= \binom{2}{2} \oplus \binom{-2}{6} = \binom{0}{8}$$

S-Multiplikation: $\quad (k + m) \cdot \vec{a} = k \cdot \vec{a} \oplus m \cdot \vec{a}$

$$(2 + 3) \cdot \binom{4}{-1} = 2 \cdot \binom{4}{-1} \oplus 3 \cdot \binom{4}{-1} = \binom{20}{-5}$$

Stochastik

----

1 Kombinatorik

Fakultät

$n!$ Man spricht: n Fakultät.

$$n! = 1 \cdot 2 \cdot 3 \cdot \ldots \cdot (n-1) \cdot n = \prod_{k=1}^{n} k$$

Es ist: $1! = 1$

$\qquad 2! = 1 \cdot 2 \quad = \quad 2$

$\qquad 3! = 1 \cdot 2 \cdot 3 = \quad 6$

$\qquad 4! = 3! \cdot 4 \quad = \quad 24$

$\qquad 5! = 4! \cdot 5 \quad = 120 \qquad$ usw.

Rekursionsformel: $n! = (n-1)! \cdot n$ für $n \in \mathbb{N}$ und $0! = 1$

Die Zahl $n!$ gibt an, auf wie viele Arten man n Dinge in eine Reihenfolge bringen kann. (↗ **Permutationen**, S. 115)

Binomialkoeffizienten

$\binom{n}{k}$ Man spricht: n über k.

$$\binom{n}{k} = \frac{n \cdot (n-1) \cdot (n-2) \cdot \ldots \cdot (n-(n-k))}{1 \cdot 2 \cdot 3 \cdot \ldots \cdot k} = \frac{n!}{k!\,(n-k)!}$$

Es ist $\binom{n}{0} = 1$

Beispiele

♦ $\binom{5}{3} = \dfrac{5 \cdot 4 \cdot 3}{1 \cdot 2 \cdot 3} = 10$

♦ $\binom{9}{4} = \dfrac{9 \cdot 8 \cdot 7 \cdot 6}{1 \cdot 2 \cdot 3 \cdot 4} = 126$

Rechenregeln: $\binom{n}{k} = \binom{n}{n-k}$; $\binom{n}{k} + \binom{n}{k+1} = \binom{n+1}{k+1}$

Beispiele

- $\binom{5}{3} = \binom{5}{5-3} = \binom{5}{2} = \frac{5 \cdot 4}{1 \cdot 2} = 10$

- $\binom{5}{2} + \binom{5}{3} = 20 = \binom{6}{3} = \frac{6 \cdot 5 \cdot 4}{1 \cdot 2 \cdot 3} = 20$

Binomischer Lehrsatz

$$(a+b)^n = \binom{n}{0}a^n + \binom{n}{1}a^{n-1}b + \binom{n}{2}a^{n-2}b^2 + \binom{n}{3}a^{n-3}b^3 + \dots$$

$$+ \binom{n}{n-1}a\,b^{n-1} + \binom{n}{n}b^n$$

$$= \sum_{k=0}^{n} \binom{n}{k} a^{n-k} b^k$$

Beispiele

- $(a+b)^2 = \binom{2}{0}a^2 b^0 + \binom{2}{1}a^1 b^1 + \binom{2}{2}a^0 b^2$

  $= a^2 + 2\,a\,b + b^2$ (↗ Binomische Formeln, S. 27)

- $(a+b)^3 = \binom{3}{0}a^3 b^0 + \binom{3}{1}a^2 b^1 + \binom{3}{2}a^1 b^2 + \binom{3}{3}a^0 b^3$

  $= a^3 + 3\,a^2 b + 3\,a\,b^2 + b^3$

Durch die Auflistung der **Binomialkoeffizienten** allein erhält man des *PASCALSCHE Zahlendreieck*, mit dessen Hilfe wir auch eine weitere Bestimmungsmöglichkeit für **binomische Formeln** höherer Ordnung erhalten.

$\binom{0}{0}$					1					„hoch 0"
$\binom{1}{0}$ $\binom{1}{1}$				1		1				„hoch 1"
$\binom{2}{0}$ $\binom{2}{1}$ $\binom{2}{2}$			1		2		1			„hoch 2"
$\binom{3}{0}$ $\binom{3}{1}$ $\binom{3}{2}$ $\binom{3}{3}$		1		3		3		1		„hoch 3"
$\binom{4}{0}$ $\binom{4}{1}$ $\binom{4}{2}$ $\binom{4}{3}$ $\binom{4}{4}$	1		4		6		4		1	„hoch 4"

Beispiel

Durch weitere Addition zweier benachbarter Zahlen findet man die Binomialkoeffizienten der weiteren Zahlen im PASCALSCHEN Dreieck. Wir berechnen damit:

$$(a + b)^6 = a^6 + 6\,a^5\,b + 15\,a^4\,b^2 + 20\,a^3\,b^3 + 15\,a^2\,b^4 + 6\,a\,b^5 + b^6$$

Zählprobleme

Man unterscheidet folgende Probleme:

> Jede mögliche Anordnung von n Elementen, in der alle Elemente verwendet werden: **Permutation**

Anzahl der ***Anordnungen***

– von n verschiedenen Elementen	– von n Elementen mit Wiederholung (unter den Elementen sind p, q, r gleiche)
$n!$	$\dfrac{n!}{p! \cdot q! \cdot r!}$

Beispiele

◆ Anzahl der 5-stelligen Zahlen mit Ziffern 1, 2, 3, 5, 8, die die Quersumme 19 haben:

$$5! = 1 \cdot 2 \cdot 3 \cdot 4 \cdot 5$$

$= 120$ Zahlen.

◆ Auf wie viele Arten können sich die 12 Schüler einer Arbeitsgemeinschaft auf 12 Stühle setzen?

Auf $12! = 479\,001\,600$ Arten.

◆ Anzahl der 5-stelligen Zahlen mit Ziffern 1, 1, 5, 5, 5, die die Quersumme 17 haben:

$$\frac{5!}{2! \cdot 3!} = \frac{1 \cdot 2 \cdot 3 \cdot 4 \cdot 5}{1 \cdot 2 \cdot 1 \cdot 2 \cdot 3}$$

$= 10$ Zahlen.

◆ Auf wie viele Arten können sich die 7 Mädchen und 5 Jungen einer AG auf 12 Stühle setzen, wenn man nur auf die Merkmalsausprägung Mädchen/Junge achtet?

Auf $\dfrac{12!}{7! \cdot 5!} = 792$ Arten.

Jede mögliche Anordnung (mit Beachtung der Reihenfolge) aus je *s* von *n* Elementen: *s*-stufig **geordnete Stichprobe** (**Auswahl**); (alter Ausdruck: **Variation**)

Anzahl der *Anordnungen*

– von *n* verschiedenen Elementen ohne Wiederholung	– von *n* verschiedenen Elementen mit Wiederholung
$\dfrac{n!}{(n-s)!}$	n^s

🏹 **Beispiele**

- Anzahl der 3-stelligen Zahlen, die sich aus den Ziffern 1, 2, 3, 5, 8 bilden lassen. Jede Ziffer darf nur einmal auftreten:

$$\frac{5!}{(5-3)!} = \frac{5!}{2!} = \frac{5 \cdot 4 \cdot 3 \cdot 2 \cdot 1}{2 \cdot 1}$$
$$= 60 \text{ Zahlen.}$$

- Anzahl der 3-stelligen Zahlen aus den Ziffern 1, 2, 3, 5, 8. Jede Ziffer darf beliebig oft auftreten:

$$5^3 = 125 \text{ Zahlen.}$$

- Anzahl der Sitzordnungen, die sich aus 2 Personen und 4 Stühlen bilden lassen. Jeder Stuhl darf nur von 1 Person besetzt werden:

$$\frac{4!}{(4-2)!} = \frac{4!}{2!} = \frac{4 \cdot 3 \cdot 2 \cdot 1}{1 \cdot 2}$$
$$= 12$$

- Anzahl der Sitzordnungen, die sich aus 2 Personen und 4 Stühlen bilden lassen. Es dürfen auch 2 Personen auf einem Stuhl sitzen:

$$4^2 = 16$$

Jede mögliche Anordnung (ohne Beachtung der Reihenfolge) aus je *s* von *n* Elementen: *s*-stufig **ungeordnete Stichprobe** (**Auswahl**); (alter Ausdruck: **Kombination**)

Anzahl der *Anordnungen*

– von *n* verschiedenen Elementen ohne Wiederholung	– von *n* verschiedenen Elementen mit Wiederholung
$\dbinom{n}{s}$	$\dbinom{n+s-1}{s}$

- ◆ Anzahl der Anordnungen von zwei Buchstaben aus der Menge $M = \{a, b, c, d, e\}$. Es gelte $\{a, b\} = \{b, a\}$. Buchstaben dürfen nicht doppelt auftreten:

$$\binom{5}{2} = \frac{5 \cdot 4}{1 \cdot 2} = 10$$

- ◆ Anzahl der Anordnungen von zwei Buchstaben aus der Menge $M = \{a, b, c, d, e\}$. Buchstaben dürfen doppelt auftreten:

$$\binom{5 + 2 - 1}{2} = \binom{6}{2} = \frac{6 \cdot 5}{1 \cdot 2} = 15$$

- ◆ Wie viele Möglichkeiten gibt es, beim *Zahlenlotto* „6 aus 49" einen Tippschein auszufüllen?

$$\binom{49}{6} = \frac{49!}{6! \cdot 43!}$$

= 13 983 816 Möglichkeiten. Nur eine Möglichkeit entfällt auf 6 Richtige.

2 Wahrscheinlichkeitsrechnung

1 Grundlegende Begriffe

Zufallsexperiment: Experiment, bei dem man das Ergebnis nicht sicher vorhersagen kann.

◀ **Beispiele**
- ◆ Werfen eines Würfels
- ◆ Kugelziehen aus einer Urne

Ergebnismenge Ω (*Stichprobenraum*): Menge aller möglichen Ergebnisse eines Zufallsexperiments.

◀ **Beispiele**
- ◆ Würfel: $\Omega = \{1, 2, 3, 4, 5, 6\}$
- ◆ Münze: $\Omega = \{$Wappen, Zahl$\}$

Ereignis E: Teilmenge der Ergebnismenge oder anders gesagt: Zusammenfassung von Ergebnissen bei einem Zufallsexperiment.

Werfen eines Würfels: E = {gerade Augenzahl};
E = {2, 4, 6}

Sicheres Ereignis: Ereignis, das bei jeder Versuchsdurchführung eintritt.

Beispiel
Werfen eines Würfels: E = {Augenzahl $n < 7$};
$E = \Omega$ = {1, 2, 3, 4, 5, 6}

Unmögliches Ereignis: Ereignis, das bei keiner Versuchsdurchführung eintritt.

Beispiel
Werfen eines Würfels: E = {Augenzahl $n > 7$};
E = { }

Elementarereignis: Ereignismenge mit nur einem Element.

Beispiel
Werfen eines Würfels: {Augenzahl teilbar durch 5}; E = {5}

Gegenereignis $\overline{E}$: Gegenteil des Ereignisses E bzgl. der Ergebnismenge Ω.

Beispiel
Gegenereignis zu E = {gerade Augenzahl} ist
$\overline{E}$ = {ungerade Augenzahl}.

Absolute Häufigkeit $H_n(E)$: Anzahl des Eintretens eines Ereignisses bei einem Zufallsexperiment mit n Versuchsdurchführungen (Stichproben).

Beispiel
Werfen eines Würfels: 2000 Stichproben.
E = {6 fällt} tritt 329 mal ein: $H_n(E)$ = 329.

Relative Häufigkeit $h_n(E)$: Verhältnis der absoluten Häufigkeit zur Anzahl n der Versuchsdurchführungen (*Stichprobenumfang*): $h_n(E) = \dfrac{H_n(E)}{n}$.

Beispiel

$$h_n(E) = \frac{H_n(E)}{n} = \frac{329}{2000} = 0{,}1645 = 16{,}45\,\%$$

Die Summe aller relativen Häufigkeiten bei einem Zufallsexperiment ist 1.

🌿 **Beispiel:** Werfen einer Münze, 200 Stichproben
$E_W = \{$Wappen$\}$ tritt 92 mal ein, $E_Z = \{$Zahl$\}$ tritt 108 mal ein.

$h_n(W) = \dfrac{92}{200} = 0,46;\ h_n(Z) = \dfrac{108}{200} = 0,54;$

$h_n(W) + h_n(Z) = 0,46 + 0,54 = 1$

LAPLACE-Experiment: Ein Zufallsexperiment heißt LAPLACE-Experiment, wenn alle einzelnen Ergebnisse die gleiche Wahrscheinlichkeit haben.

🌿 **Beispiele**
◆ Werfen eines Würfels, einer Münze
   ABER NICHT: Werfen eines Reißnagels
◆ Ziehen einer Kugel aus einer Urne mit n unterschiedlichen Kugeln
   ABER NICHT: Auswahl eines Schülers aus einer Klasse
   (Merkmal: Junge/Mädchen)

2 Klassische Wahrscheinlichkeit

Definition für „klassische Wahrscheinlichkeit" (**Gleichverteilung**): Bei einem **LAPLACE-Experiment** gilt für die Wahrscheinlichkeit $P(E)$, mit der ein Ereignis eintritt:

$$P(E) = \frac{\text{Anzahl der für } E \text{ günstigen Ergebnisse}}{\text{Anzahl der möglichen Ereignisse}} = \frac{|E|}{|\Omega|}$$

🌿 **Beispiel:** Werfen eines Würfels: $E = \{6$ fällt$\}$.
$P(E) = \dfrac{1}{6} = 0,1\overline{6} = P\{5$ fällt$\} = P\{4\} = P\{3\} = P\{2\} = P\{1\}$

🌟 Viele Experimente lassen sich auf LAPLACE-Experimente zurückführen.

🌿 **Beispiel:** Ziehen einer Kugel aus einer Urne mit drei roten, vier blauen, einer gelben Kugel: Man betrachtet alle Kugeln einzeln: $P\{$Ziehen einer roten Kugel$\} = \dfrac{3}{8}$.

Regeln und Sätze für das Rechnen mit Wahrscheinlichkeiten

1. $0 \leq P(E) \leq 1$

Der Zahlenwert für die Wahrscheinlichkeit eines Ereignisses liegt zwischen 0 und 1.

Erklärung: Die Anzahl der günstigen Ergebnisse (Zähler) ist immer kleiner oder gleich der Anzahl der möglichen Ergebnisse (Nenner).

2. $P(\{a_1, a_2\}) = P(\{a_1\}) + P(\{a_2\})$

Summenregel (a_1, a_2: Ergebnisse bei einem Zufallsexperiment)

✖ Beispiel: Werfen eines Würfels:
$P(\{1 \text{ fällt}, 6 \text{ fällt}\}) = \frac{2}{6} = \frac{1}{3}$
$= P(\{1 \text{ fällt}\}) + P(\{6 \text{ fällt}\}) = \frac{1}{6} + \frac{1}{6} = \frac{2}{6} = \frac{1}{3}$

3. $P(\Omega) = 1$

Wahrscheinlichkeit des *sicheren Ereignisses*

✖ Beispiel: Werfen eines Würfels: $P(\text{Augenzahl} < 7) = \frac{6}{6} = 1$

4. $P(\emptyset) = 0$

Wahrscheinlichkeit des *unmöglichen Ereignisses*

✖ Beispiel: Werfen eines Würfels: $P(\text{Augenzahl} > 7) = \frac{0}{6} = 0$

5. $P(\overline{E}) = 1 - P(E)$

Wahrscheinlichkeit des *Gegenereignisses*

✖ Beispiel: Werfen eines Würfels: $P(\text{keine 4 oder 5})$:
$E = \{4; 5\}; \quad P(E) = \frac{2}{6} = \frac{1}{3} \quad P(\overline{E}) = 1 - \frac{1}{3} = \frac{2}{3}$

6. $E_1 \subseteq E_2 \Rightarrow P(E_1) \leq P(E_2)$

Beispiel: $E_1 = \{$Augenzahl teilbar durch 4$\} = \{4\}$; $E_2 = \{$gerade Augenzahl$\} = \{2, 4, 6\}$; $E_1 \subseteq E_2$; $\frac{1}{6} = P(E_1) \leq P(E_2) = \frac{3}{6} = \frac{1}{2}$

Additionssätze

7. $P(E_1 \cup E_2) = P(E_1) + P(E_2)$

Additionssatz für zwei Ereignisse, die unvereinbar sind: $E_1 \cap E_2 = \emptyset$.

Beispiel: $E_1 = \{$2 fällt$\}$; $E_2 = \{$ungerade Augenzahl$\}$; $E_1 \cap E_2 = \emptyset$; $P(E_1 \cup E_2) = P(E_1) + P(E_2) = \frac{1}{6} + \frac{3}{6} = \frac{4}{6} = \frac{2}{3}$

8. $P(E_1 \cup E_2) = P(E_1) + P(E_2) - P(E_1 \cap E_2)$

Additionssatz für zwei Ereignisse, die auch gemeinsam auftreten können.

Beispiel: $E_1 = \{$4 fällt$\}$; $E_2 = \{$gerade Augenzahl$\}$; $E_1 \cap E_2 = \{$4 fällt$\}$; $P(E_1 \cup E_2) = \frac{1}{6} + \frac{3}{6} - \frac{1}{6} = \frac{3}{6} = \frac{1}{2}$

.3 Zusammengesetzte Zufallsexperimente

n-stufiges Experiment: Zusammenfassung von n Teilexperimenten zu einem Experiment.

Beispiele
- Mehrmaliges Werfen eines Würfels.
- Mehrmaliges Ziehen einer Kugel aus einer Urne mit/ohne Zurücklegen.

Unabhängige Ereignisse: Das Eintreten eines Ereignisses beeinflusst nicht das Eintreten eines anderen Ereignisses.

Beispiele
- Mehrmaliges Ziehen einer Kugel aus einer Urne mit Zurücklegen vor jedem erneuten Zug.
- Geburt eines Kindes; Merkmal Geschlecht.

Bedingte Wahrscheinlichkeit von *A* unter der Bedingung *B*:
Wahrscheinlichkeit eines Ereignisses *A*, das abhängig ist von
einem anderen Ereignis *B*, das mit einer bestimmten Wahrscheinlichkeit *P*(*B*) eingetreten ist.

$$P(A \mid B) = P_B(A) = \frac{P(A \cap B)}{P(B)}; \text{ falls } P(B) > 0$$

Beispiel: Beim Sehtest in einer Schule werden 1239 Jungen
(*J*) und Mädchen (*M*) auf Rot-Grün-Schwäche (eine Form von
„Farbenblindheit" *F*) untersucht. Die folgende ***Vierfeldertafel***
dokumentiert das Ergebnis der Untersuchung:

	J	*M*	Summe
F	**57**	**2**	59
$\overline{F}$	**674**	**506**	1180
Summe	731	508	1239

Wir berechnen folgende Wahrscheinlichkeiten für einen zufällig bestimmten Schüler *S*.

• *S* ist ein Junge, unter der Bedingung *S* ist farbenblind:

$$P(J \mid F) = P_F(J) = \frac{P(J \cap F)}{P(F)} = \frac{57}{1239} : \frac{59}{1239} = \frac{57}{59} \approx 0{,}97$$

Anders gesagt: Falls ein zufällig bestimmtes Mitglied der
Schulgemeinschaft farbenblind ist, so ist es mit 97%iger
Wahrscheinlichkeit ein Junge.

• *S* ist ein Mädchen, falls *S* farbenblind:

$$P(M \mid F) = P_F(M) = \frac{P(M \cap F)}{P(F)} = \frac{2}{59} \approx 0{,}034$$

• *S* ist farbenblind, falls *S* ein Junge ist:

$$P(F \mid J) = P_J(F) = \frac{P(J \cap F)}{P(J)} = \frac{57}{731} \approx 0{,}078$$

• *S* ist farbenblind, falls *S* ein Mädchen ist:

$$P(F \mid M) = P_M(F) = \frac{P(M \cap F)}{P(M)} = \frac{2}{508} \approx 0{,}004$$

• *S* ist farbenblind:

$$P(F) = \frac{59}{1239} \approx 0{,}048$$

Aus der Definition der bedingten Wahrscheinlichkeit ergibt sich der *Multiplikationssatz* (hier auch: *Pfadregel*)

> Ist $P(B) > 0$ und $P(A) > 0$, so gilt:
> $$P(A \cap B) = P(B) \cdot P(A \mid B)$$
> $$= P(A) \cdot P(B \mid A).$$

Die bedingte Wahrscheinlichkeit tritt bei mehrstufigen Versuchen auf. Diese lassen sich als Pfade in einem *Baumdiagramm* darstellen. Jeder Pfad entspricht einem Ereignis des (hier zweistufigen) Zufallsversuchs.

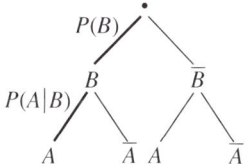
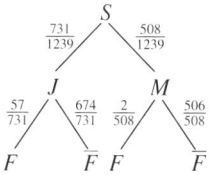

Wahrscheinlichkeit, dass ein zufällig bestimmtes Mitglied der Schulgemeinschaft ein farbenblinder Junge ist

$$P(F \cap J) = \frac{731}{1239} \cdot \frac{57}{731} \approx 0{,}046$$

Vertauscht man die Reihenfolge der Stufen in dieser Abbildung, so ändert sich die Wahrscheinlichkeit eines Pfades auf Grund des Multiplikationssatzes nicht.

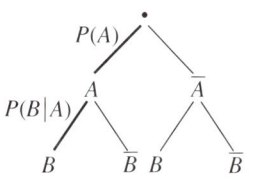
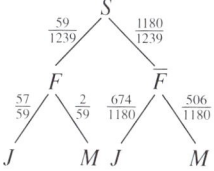

$$P(J \cap F) = \frac{59}{1239} \cdot \frac{57}{59} \approx 0{,}046$$

Für *unabhängige* Ereignisse A und B gilt: $P(A \mid B) = P(A)$ und $P(B \mid A) = P(B)$.
In diesem Fall lautet die **Pfadregel**:

$$P(A \cap B) = P(A) \cdot P(B) = P(B) \cdot P(A).$$

Mehrstufige Zufallsexperimente

Um die Wahrscheinlichkeit eines Ergebnisses bei einem mehrstufigen Zufallsexperiment zu erhalten, notiert man die Wahrscheinlichkeiten der jeweiligen Stufe des Experiments in einem Pfad eines *Baumdiagramms* (auch *Wahrscheinlichkeitsbaum* oder Ergebnisbaum) und multipliziert die Einzelwahrscheinlichkeiten (*Pfadregel*).
(Bei vielen Zufallsexperimenten genügt es, das Baumdiagramm soweit zu skizzieren, dass man das Ergebnis ablesen kann.)

Beispiel

In einer Lostrommel befinden sich noch 500 Lose. Die Hälfte davon sind Gewinne, die anderen sind Nieten. Bestimme die Wahrscheinlichkeit, aus dieser Trommel 2 Gewinne (3 Gewinne) hintereinander zu ziehen.

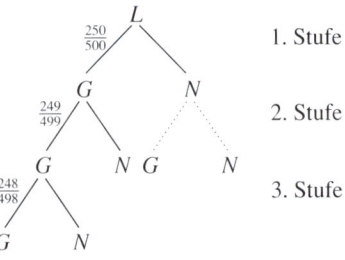

$$P(2 \text{ Gewinne}) = \frac{250}{500} \cdot \frac{249}{499} \approx 0,2 \triangleq 20\,\%$$

$$P(3 \text{ Gewinne}) = \frac{250}{500} \cdot \frac{249}{499} \cdot \frac{248}{498} \approx 0,124 \triangleq 12,4\,\%$$

Bei zusammengesetzten Ereignissen muss man die Ergebnisse eines Pfades im Baumdiagramm addieren.

◄ **Beispiel**
Zwei Würfel werden geworfen. Wie groß ist die Wahrscheinlichkeit, Augenzahl 7 zu würfeln?

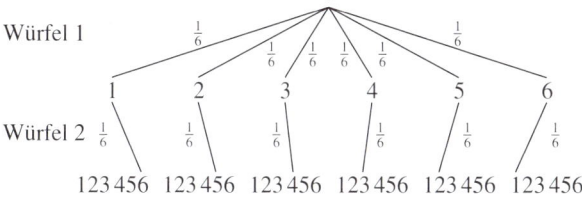

$$P(\text{Augenzahl 7}) = \frac{1}{6} \cdot \frac{1}{6} + \frac{1}{6} \cdot \frac{1}{6} + \frac{1}{6} \cdot \frac{1}{6} + \frac{1}{6} \cdot \frac{1}{6} + \frac{1}{6} \cdot \frac{1}{6} + \frac{1}{6} \cdot \frac{1}{6}$$
$$= 6 \cdot \frac{1}{36} = \frac{1}{6}$$

Bernoulli-Experimente
Zufallsexperimente, bei denen zwei Ergebnisse auftreten können (Erfolg/kein Erfolg).

Wahrscheinlichkeit bei n-mal hintereinander ausgeführten Bernoulli-Experimenten: Berechnet wird die Wahrscheinlichkeit P, dass ein Ergebnis e mit Wahrscheinlichkeit p genau k-mal auftritt:

$$P = \binom{n}{k} \cdot p^k \cdot (1-p)^{n-k}.$$

◄ **Beispiel**
Ein Spielwürfel wird 10-mal geworfen. Wie groß ist die Wahrscheinlichkeit, dass genau dreimal eine 6 gewürfelt wird?

$p(6) = \frac{1}{6}; \quad n = 10; \quad k = 3$

$$P = \binom{10}{3} \cdot \left(\frac{1}{6}\right)^3 \cdot \left(1 - \frac{1}{6}\right)^{10-3} = \frac{10 \cdot 9 \cdot 8}{1 \cdot 2 \cdot 3} \cdot \frac{1}{6^3} \cdot \frac{5^7}{6^7}$$
$$\approx 0{,}155 = 15{,}5\,\%$$

3 Statistik

Statistische Maßzahlen zur Kennzeichnung einer *Häufigkeitsverteilung*:

Modalwert (Modus): häufigster Wert der Stichprobenergebnisse

Mittelwert $\overline{x}$ (arithmetisches Mittel): Division der Summe aller Ergebnisse einer Stichprobe durch den Umfang der Stichprobe

$$\overline{x} = \frac{x_1 + x_2 + \ldots + x_n}{n} = \frac{1}{n} \sum_{i=1}^{n} x_i$$

Zentralwert z (Median): in der Mitte der nach ihrer Rangfolge geordneten Ergebnisse der Stichprobe stehender Wert

Varianz s^2 (*mittlere quadratische Abweichung*): Maß für die Verteilung der Ergebnisse einer Stichprobe um ihren Mittelwert x

$$s^2 = \frac{(\overline{x} - x_1)^2 + (\overline{x} - x_2)^2 + \ldots + (\overline{x} - x_{n-1})^2 + (\overline{x} - x_n)^2}{n}$$

$$= \frac{1}{n} \sum_{i=1}^{n} (\overline{x} - x_i)^2 \quad (s \geq 0)$$

Standardabweichung s: $\quad s = \sqrt{\dfrac{1}{n} \sum_{i=1}^{n} (\overline{x} - x_i)^2}$

Beispiele

◆ Die 25 Schüler der Klasse 10 a haben die Zeitdauer notiert, die sie für eine bestimmte Mathematikhausaufgabe benötigten. Die verschiedenen Zeitdauern wurden in einer Liste erfasst und aufsteigend geordnet.

10; 15; 15; 16; 18; 18; 18; 18; 18; 19; 20; 22; **22**; 22; 23; 23; 23; 23; 24; 24; 25; 26; 28; 29; 30

Modalwert: 18

Mittelwert:

$$\overline{x} = \frac{10 + 2 \cdot 15 + 16 + 5 \cdot 18 + 19 + 20 + 2 \cdot 22 + 4 \cdot 23 + 2 \cdot 24 + 25 + 26 + 28 + 29 + 30}{25}$$

$$= \frac{529}{25} = 21{,}16$$

Zentralwert: $z = 22$

Varianz: $s^2 = \frac{1}{25}[(21{,}16-10)^2 + 2\cdot(21{,}16-15)^2$
$+ (21{,}16-16)^2 + 5\cdot(21{,}16-18)^2 + (21{,}16-19)^2$
$+ (21{,}16-20)^2 + 3\cdot(21{,}16-22)^2 + 4\cdot(21{,}16-$
$23)^2 + 2\cdot(21{,}16-24)^2 + (21{,}16-25)^2 + (21{,}16-$
$26)^2 + (21{,}16-28)^2 + (21{,}16-29)^2 + (21{,}16-$
$30)^2]$

$= \frac{539{,}36}{25} \approx 21{,}57$

Standardabweichung: $s = \sqrt{21{,}57} \approx 4{,}64\,(\text{min})$
$21{,}16 - 4{,}64 = 16{,}52\,\text{min};\ 21{,}16 + 4{,}64 = 25{,}8$
Die Mehrzahl der Schüler hat die Aufgaben innerhalb einer
Zeit von 16,52 min bis 25,8 min gelöst.

♦ 25 Schüler der Klasse 10 b haben ebenfalls die Zeitdauer notiert, die sie für dieselbe Mathematikhausaufgabe benötigten.
Die verschiedenen Zeitdauern wurden in einer Liste erfasst
und aufsteigend geordnet.
8; 10; 11; 12; 15; 15; 16; 16; 16; 19; 20; 22; **23**; 23; 23; 23;
23; 23; 24; 25; 26; 28; 30; 32; 33
Modalwert: 23
Mittelwert:
$\bar{x} = \frac{8+10+11+12+2\cdot 15+3\cdot 16+19+20+22+6\cdot 23+24+25+26+28+30+32+33}{25}$

$= \frac{516}{25} = 20{,}64$

Zentralwert: $z = 23$

Varianz: $s^2 = \frac{1}{25}[(20{,}64-8)^2 + (20{,}64-10)^2 + (20{,}64-11)^2$
$+ (20{,}64-12)^2 + 2\,(20{,}64-15)^2 + 3\,(20{,}64-16)^2$
$+ (20{,}64-19)^2 + (20{,}64-20)^2 + (20{,}64-22)^2$
$+ 6\,(20{,}64-23)^2 + (20{,}64-24)^2 + (20{,}64-25)^2$
$+ (20{,}64-26)^2 + (20{,}64-28)^2 + (20{,}64-30)^2]$
$+ (20{,}64-32)^2 + (20{,}64-33)^2$

$= \frac{1089{,}76}{25} \approx 43{,}59$

Standardabweichung: $s = \sqrt{43{,}59} \approx 6{,}6\,(\text{min})$
$20{,}64 - 6{,}6 = 14{,}04;\ 20{,}64 + 6{,}6 = 27{,}24$
Die Mehrzahl der Schüler hat die Aufgaben innerhalb einer
Zeit von 14,04 min bis 27,24 min gelöst.

Das bedeutet: Die Zeiten für die Hausaufgabe bei der Klasse 10 a liegen dichter beieinander, sie streuen nicht so sehr um den Mittelwert wie die der Klasse 10 b.

Stichwortverzeichnis

Eins rauf ...

...auf dem Notentreppchen – dieses Ziel wird von vielen Schülern in jedem Schuljahr anvisiert.
Auch um Versäumtes nachzuholen oder schwierigen Stoff zu festigen, gibt es das

„Besser in…"-Lernhilfenprogramm.
Vom 4. Schuljahr bis zum Abitur: Alles, was bei Klassenarbeiten verlangt wird, haben Profis anschaulich erklärt. Mit vielen Übungsaufgaben und Lösungsheft zur Selbstkontrolle.
Und: Die „Besser in…"-Lernhilfen passen zu allen gängigen Schulbüchern.

Künftig also:
Besser in **Deutsch**,
Mathe, **Englisch**, **Spanisch**,
Latein und
Französisch !

Fragen Sie bitte
in Ihrer Buchhandlung!